HIPERTEXTO HIPERMÍDIA

as novas ferramentas da comunicação digital

Pollyana Ferrari (organizadora) • Adriana Garcia Martinez
Adriane Canan • Analu Andrigueti • André Borges • Bruce Garrison
Edilson Cazeloto • Nora Paul • Paulo Henrique Ferreira
Taïs Bressane • Urbano Nobre Nojosa • Vicente Gosciola

HIPERTEXTO HIPERMÍDIA

as novas ferramentas da comunicação digital

editoracontexto

Capa e diagramação
Gustavo S. Vilas Boas

Revisão
Lilian Aquino
Ruth M. Kluska

Dados Internacionais de Catalogação na Publicação (CIP)
(Câmara Brasileira do Livro, SP, Brasil)

Hipertexto, hipermídia : as novas ferramentas
da comunicação digital / Pollyana Ferrari, (org.). –
2. ed., 2ª reimpressão – São Paulo : Contexto, 2019.

Vários autores
ISBN 978-85-7244-362-3

1. Comunicações digitais 2. Jornalismo 3. Mídia digital
4. Multimídia interativa 5. Sistemas hipertexto
6. World Wide Web (Sistemas de recuperação de informação)
I. Ferrari, Pollyana.

07-2981 CDD- 005.7592

Índice para catálogo sistemático:
1. Hipertexto e hipermídia : Comunicação digital :
Ciência da computação 005.7592

2019

EDITORA CONTEXTO
Diretor editorial: *Jaime Pinsky*
Rua Dr. José Elias, 520 – Alto da Lapa
05083-030 – São Paulo – SP
PABX: (11) 3832 5838
contexto@editoracontexto.com.br
www.editoracontexto.com.br

SUMÁRIO

A WEB SOMOS NÓS

A sociedade atual move-se em torno das pessoas, das suas histórias, de seus costumes, suas experiências de vida, enfim, da informação individualizada. Naturalmente, o processo de comunicação está relacionado de modo íntimo com esse macromercado de seres humanos que precisam de informação e comunicação todos os dias, da mesma maneira que precisam do ar que respiram. Com a mídia eletrônica, as informações diferenciam-se de outros meios tradicionais como, por exemplo, a impressão ou a transmissão por ondas eletromagnéticas. Ela perde sua característica unívoca, de relação um para um, para transformar-se em dado com múltiplos significados e leituras.

Aos 19 anos conheci Hilda Hilst em um sarau de poesia. Vivia um momento rico da minha vida, dividida entre o curso de Jornalismo, o curso de História (ambos na PUC-SP), o teatro no Tuca e o PC do B. Em meio a esse turbilhão de coisas, escrevia poesias. Elas brotavam em bloquinhos de papel que carregava no metrô, ônibus e bares. Me apaixonei por Hilda logo que a vi, pois ela transitava entre caminhos entrecruzados, produzindo visões fragmentadas do mundo. O livro *Hipertexto, hipermídia: as novas ferramentas da comunicação digital* oferece essa visão fragmentada da sociedade a partir de sua teia não linear e suas múltiplas possibilidades de interação. Uma visão que surgiu nas cabeças delirantes da minha geração de 1980. Fomos nós que gestamos a web que vivenciamos hoje.

A gente não percebe isso no dia a dia, mas o suporte não importa mais, o hardware não importa mais. Se usarmos um computador pessoal, notebook, palm, celular ou uma geladeira inteligente, o importante é ter a informação ao alcance das mãos, ou seja, onde você precisa, na hora em que precisa. A era digital está invertendo o cenário da baixa capacidade de acesso. Lembra como era caro ter celular no ano 2000? Cada vez mais presenciamos interconexões de plataformas. Seja com celular, fixo, *Wi-Fi*, YouTube etc.

O jornalista, o comunicador, o produtor, o publicitário, o cineasta, o artista multimídia, o professor, entre outros profissionais, que lidam com informação como matéria-prima de seu trabalho, têm que aprender a disseminar a informação da melhor maneira possível. Em 2006, éramos 76 milhões de brasileiros com celular. Precisamos ficar de olhos bem abertos para as tendências. Este livro se propõe a mostrar o novo, o que está sendo pensado pelos pesquisadores e jornalistas que vivenciam a hipermídia. Vale citar um exemplo corriqueiro, mas que consegue quantificar essa revolução silenciosa que estamos vivenciando, quase sem perceber.

Eu estive no primeiro show do U2 – famosa banda irlandesa – no Brasil em 1998. Lembro como se fosse hoje das pessoas acendendo isqueiros na hora de cantar *Miss Sarajevo*. Na última apresentação da banda em São Paulo, em 21 de fevereiro de 2006, os celulares substituíram os isqueiros. Isso é mudança de comportamento, mudança de sociedade. O movimento de braço, o balançar do punho era o mesmo, mas agora o celular, além de iluminar, também mandava mensagens, tirava foto, trocava SMS. Não podemos negar tudo isso, não podemos fingir que nada mudou e continuar fazendo o nosso jornal diário de cada dia, como se ainda estivéssemos nos periódicos da década de 1980.

"A construção da notícia em tempo real", título do capítulo de Adriana Garcia Martinez, mostra como o surgimento da internet fez com que o modo de publicação "atacadista" das agências de notícias fosse parar no "varejo", ou seja, nos portais. A preferência pelo *wire* como modo de exibição, com enumeração cronológica, trouxe mais confusão do que didatismo para o leitor. Essa é uma, mas não deveria ser a única forma de agrupar informações noticiosas na web. Com o passar dos anos, alguns sites foram criando capas, canais e dispositivos para separar estilos, mas a notícia escrita – que na internet tem a instantaneidade do rádio – ainda pede uma maior transparência para o leitor.

O professor de Jornalismo e Fotografia da Escola de Comunicação da Universidade de Miami Bruce Garrison nos oferece um capítulo que investiga o uso do e-mail nas redações norte-americanas. Complementando a pesquisa de Bruce, levantei como os jornalistas brasileiros estão utilizando o e-mail no seu dia a dia.

"Blog: uma ferramenta para o jornalismo", texto de André Borges, dialoga com o leitor no sentido de traçar uma linha histórica sobre a evolução dos blogs. Se até pouco tempo os blogs se limitavam a transportar narrativas e conteúdos típicos de tradicionais diários pessoais para os meios eletrônicos, atualmente ocupam espaço entre as demais fontes de informação, alimentando debates sociais e, por vezes, tradicionais veículos de mídia de massa. Mas até que ponto os blogs influenciam na maneira de se fazer jornalismo? O que muda na postura do profissional da informação? De que forma conceitos básicos como apuração e credibilidade da fonte passaram para o meio eletrônico? Essa é a realidade dos blogs, prática que tem transformado o comportamento do leitor e, ainda mais profundamente, o jornalismo e seus processos de produção da informação.

O capítulo de Paulo Henrique Ferreira, "Com você, a imprensa móvel", nos oferece um detalhado mapeamento do mercado editorial de conteúdo para telefones celulares. Com informações colhidas junto a grupos brasileiros de mídia (Editora Abril, Estado de S. Paulo, Folha de S.Paulo, Terra, iG, entre outros), começamos a entender os modelos de negócio adotados por esse mercado; a complexa cadeia de valor que envolve operadoras de telefonia celular e empresas especialistas em tecnologias móveis; a evolução das aplicações e do comportamento dos usuários brasileiros; os métodos de produção de conteúdo e as categorias mais acessadas; bem como o cenário internacional, no qual esse mercado já tem sido desenvolvido e divulgado por grupos de mídia de países como Japão, Finlândia, Estados Unidos e Argentina.

"Da rigidez do texto à rigidez do hipertexto", de Urbano Nobre Nojosa, é o capítulo seguinte. Considerado uma linguagem híbrida, o hipertexto é capaz de se revigorar a partir da dicotomia entre oralidade e escrita, tornando muito positivo este movimento de ruptura, que vários autores identificam como pós-modernidade. O autor propõe uma nova articulação de resistência em que expande a diversidade de manifestações culturais e políticas.

"A hipermídia entrelaça a sociedade", capítulo proposto por mim, parte da análise da narrativa informativa, que vem sofrendo a influência de uma inovação tecnológica: a internet passa pelos impactos provocados pela Comunicação Mediada por Computador (CMC) e nos mostra que precisamos reavaliar o ser humano, no seu modo de pensar e de se relacionar com o mundo. Se considerarmos que está surgindo um novo homem, teremos que levar em conta a mudança do sujeito coletivo para o sujeito conectivo. Comecei a perceber no dia a dia que a textura híbrida da hipermídia entrelaçou a sociedade atual em uma hierarquizada rede rizomática. Se pegarmos o termo matriz e transportá-lo para a comunicação, juntamente com o conceito de raiz da Biologia, conseguimos enxergar que a simples busca que executamos no Google é um rizoma com características bem orgânicas. Deleuze já dizia na década de 1950 que o século XXI viveria a desterritorialização da escrita.

"O jornalista no mundo dos *games*", capítulo de Analu Andrigueti, nos fala sobre como o termo "interatividade" tem sido utilizado de maneira imprecisa e excessiva, principalmente após o advento e a disseminação da internet, de 1996 a 2007. O resgate desse conceito, buscado em pensadores do ciberespaço e autores anteriores à web, é fundamental para repensarmos a promessa da interatividade na internet, que estruturalmente oferece mais possibilidades do que os demais meios de comunicação para que o usuário assuma um papel imersivo e participativo, em oposição ao contemplativo.

Vicente Gosciola, em "A linguagem audiovisual do hipertexto", transita entre o uso da expressividade audiovisual do cinema, absorvida cada vez mais pelos *games*. O *game* pertence ao universo das novas mídias, isto é, está circunscrito à perspectiva da linguagem hipermidiática. E aqui a hipermídia é vista como um audiovisual, um meio e uma linguagem que faz uso do som e da imagem para comunicar. Portanto, todo *game* é um meio de comunicação audiovisual, assim como é o cinema, a televisão e o vídeo.

"Elementos das narrativas digitais", capítulo de Nora Paul – diretora do Instituto de Estudos das Novas Mídias da Escola de Jornalismo da Universidade de Minnesota –, faz um rico mapeamento da evolução da narrativa a partir de um paralelo inicial com a edição de notícias para a televisão, que no início da mídia eram simplesmente reportagens de rádio lidas diante de uma câmara. Levou anos para o aprimoramento de novas técnicas que tirassem proveito da nova mídia: filmagem com várias câmaras, tomadas ao vivo, vídeos gravados, fotos e gráficos. O uso de taxonomias capazes de propor conteúdos digitais de acordo com o perfil de leitor também faz parte do estudo, que traz preciosos ensinamentos.

Conforme nos apresenta Adriane Canan, em seu capítulo "A não linearidade do jornalismo digital", as narrativas para hipermídia se aproximam do roteiro cinematográfico não linear. Tomando como ponto de partida o filme *Rashomon* (1950), de Akira Kurosawa, que oferece ao espectador uma série de "caminhos possíveis" para entender a história, o estudo se propõe a refletir sobre as possibilidades que a narrativa não linear pode proporcionar ao usuário da web, principalmente em portais de jornalismo. Será que a hipermídia pode nos levar a decidir com mais autonomia sobre nossa "entrada" nos temas? A "ciberdemocracia" pode ser entendida, para além das muitas vozes, como um possível aprendizado para leitura mais crítica das notícias, em relação às mídias tradicionais, pelo menos para as gerações que já nascem sob a égide do www?

Taïs Bressane propõe a compreensão dos significados interacionais gerados pela navegabilidade de sistemas hipermídia no capítulo "Navegação e construção de sentidos". A autora, com base em ferramentas teóricas da Linguística Aplicada, analisa casos autênticos de design de sites de gêneros diferentes, a fim de perceber como os recursos tecnológicos empregados na edição de conteúdo contribuem e interferem na construção de sentidos. Ela acredita que as escolhas de navegação não são ideologicamente neutras e podem liberar ou restringir a ação do usuário, além de indicar o grau de comprometimento do autor com as informações que veicula.

"A velocidade necessária", capítulo de Edilson Cazeloto, traça paralelos entre conceitos cunhados por pensadores sociais contemporâneos para descrever o cenário socioeconômico, tais como Giddens, Bauman, Kuman, Jameson, Negri e Foucault, e a informatização do cotidiano. Trata-se de verificar em que proporções a disseminação das técnicas digitais pode ser interpretada como, ao mesmo tempo, resultado e ferramenta privilegiada para a reprodução das condições de existência e inteligibilidade da chamada "pós-modernidade".

Trata-se de uma equipe com a participação dos maiores especialistas em hipermídia do Brasil e do mundo. É o caso de Bruce Garrison e Nora Paul. Em abril de 1995, um seminário reuniu no Instituto Poynter, na Flórida (EUA), 17 pesquisadores pioneiros na produção on-line de conteúdo, entre eles a professora Nora Paul, que é diretora do Instituto de Novas Mídias da Universidade de Minnesota desde 2000, além de prestar serviços editoriais para o jornal *Herald* de Miami (EUA) e Instituto Poynter. Nora esteve em março de 2006 no Brasil participando de um evento promovido pela *Revista Imprensa*.

Bruce Garrison, professor do Departamento de Comunicação da Universidade de Miami (EUA), vem, desde 1998, trabalhando com as potencialidades que o meio digital oferece aos Jornalistas, bem como todas as habilidades necessárias para se aproveitar o cibersespaço como fonte de informação para o exercício do Jornalismo.

Acredito na Web 2.0 como uma fase de maturidade do leitor, maturidade tecnológica e maturidade comercial. A rede torna-se mais viável a cada dia. Estimam-se 30 milhões de leitores on-line. O Brasil é líder no tempo de navegação doméstica. O que mostra que o brasileiro tem abertura para o novo. E isso nos obriga a prestar mais atenção à comunicação digital. A blogosfera já tem 34 milhões de blogs no mundo. E 70 mil novos nascem todos os dias. A cada dia, 70 mil pessoas estão publicando o seu jornal na rede. Tim Berners Lee, o pai da World Wide Web, lidera um grupo de pesquisa chamado W3C no MIT (Massachusetts Institute of Technology). O grupo trabalha na construção de uma rede em que os computadores entendem semântica. Eles compreenderiam o significado das palavras que usamos na rede. A imprensa já divulga que "a terceira geração da web" está próxima. Alguns sites como o Joost (www.joost.com), um repositório de vídeos que analisa as preferências dos internautas, criado por Janus Friis, um dinamarquês de 30 anos, e Niklas Zennström, um sueco de 40 anos, pode futuramente destronar o YouTube, pois sua proposta é indicar uma TV sob medida ao usuário. Boa leitura para todos.

No fim do livro há um glossário com os termos próprios da área. Para facilitar a consulta, os termos que formam o glossário aparecem em negrito ao longo do livro.

A organizadora

A CONSTRUÇÃO DA NOTÍCIA EM TEMPO REAL

Sabe aquela expressão "tempo é dinheiro"? É ela que norteia todo o trabalho jornalístico das agências de notícias, grandes corporações planetárias encarregadas de contar aos jornalistas dos meios de comunicação – e, com o advento da internet, também ao mundo – quais são os fatos noticiosos do momento.

Desde o século XIX, quando surgiram as primeiras organizações do tipo na Europa e nos Estados Unidos, as agências estiveram focadas em reportar notícias em tempo real. Portanto, nada mais natural que, com o surgimento da internet comercial, na década de 1990, elas fossem as primeiras a alimentar o meio digital, detentor de espaço infinito e muita ânsia por conteúdo.

No Brasil, o caráter noticioso dos primeiros portais de informação, oriundos de empresas jornalísticas, criou leitores ávidos por informações escritas, ansiosos para ver reproduzida na tela impressa a instantaneidade do rádio.

Mas a tela de hipertexto carrega uma característica que o rádio não tem, e que colocou em perigo a credibilidade do jornalismo nessa primeira década de existência da internet comercial: ela preserva a informação escrita ao longo do tempo. Preserva e permite que o leitor acesse essas informações em outros momentos – podem ser horas, dias ou, de acordo com o sistema de arquivamento e busca do site, até meses depois de terem ido ao ar.

No afã publicador dos primeiros anos, algumas velhas lições da prática jornalística sofreram na busca por alimentação constante de páginas que tinham a mesma dimensão física dos chamados *wires* das agências de notícias: um título elencado sob o outro, com o registro do horário no qual aquele texto foi publicado.

Em um primeiro momento, pode-se pensar que essa é uma lógica clara e prática. A matéria publicada por último é a mais recente e, portanto, a que vale a pena ser lida primeiro. Bastava ir para a coluna "últimas notícias" e ver, em uma imensa tripa de títulos, todo o noticiário do dia. Como veremos, não foi tão simples assim.

Já na entrada dos anos 2000, portais como o iG prometiam publicar uma notícia por minuto, criando uma espécie de labirinto informacional não só na forma como as matérias eram dispostas uma após a outra numa tela de fundo branco que mais lembrava uma página de jornal, mas que também esfacelava a técnica construtiva da notícia.

Ela não era mais publicada quando estava pronta, seguindo as técnicas básicas de apuração que vigoravam até então – como fazer o cruzamento de várias fontes, ouvir o outro lado em questões polêmicas, buscar o equilíbrio em um texto que tivesse a pretensão de dar uma visão ampla dos fatos etc. O que se viu foi uma ânsia publicadora tão grande que o jornalista transformou-se praticamente em um difusor de informação ou em um instantaneísta, como definiu o jornalista Ignacio Ramonet, do periódico francês *Le Monde Diplomatique*.

Nessa forma de trabalho, cada nova fonte que dizia algo virava um título de matéria, e assim por diante, até que as reportagens começaram a ser produzidas aos pedaços, ou em *takes*, como se fala no cinema. Predominava a ótica difusionista de informação: "o mais importante é informar antes". Só que no final do dia restavam apenas pedaços que não eram consolidados e que não apresentavam lógica interna entre si. Quem quisesse saber o que realmente aconteceu naquele dia, com todas as repercussões e facetas, teria que esperar o "Jornal Nacional" ou o jornal impresso da próxima jornada.

As agências de notícias já tinham uma prática para a construção da notícia em tempo real há muitas décadas e, não por acaso, foram elas que passaram a dominar o noticiário dos principais portais brasileiros (UOL, iG, Terra, Yahoo! e MSN, entre outros). Logo falaremos sobre a produção de notícias nas agências, mas antes é necessário observar as mudanças que aconteceram dentro das redações digitais que começavam a se instalar no país.

MUDANÇAS NO FAZER

Uma das grandes alterações que puderam ser observadas dentro das redações foi o modo de produção das notícias. Quando chegou, a redação digital parecia ter alterado a forma existente e consolidada de construção e veiculação da notícia escrita, calcada até há poucos anos em um modo de produção industrial.

Nesse mundo, as funções eram bem definidas e o papel das agências era fornecer material amplo e vasto dos fatos mundiais para que os editores tomassem a melhor decisão na hora de escolher o que publicar para seus leitores. O repórter era repórter e o editor era editor. O fotógrafo era fotógrafo e o "pauteiro" era "pauteiro". Eram funções claras, definidas e delimitadas por tarefas divididas entre as partes – texto, foto e arte – que se juntavam nas páginas com a publicidade no final do dia em um fechamento frenético e de teor artesanal.

Com a informatização, a estrutura organizacional das redações mudou muito a partir da década de 1980. As constantes reestruturações e reengenharias efetuadas nas empresas informativas ao longo da década de 1990 no país reduziram muitos cargos, como o de copydesk ou o de produtor gráfico, mas as etapas de produção jornalística ainda estavam divididas em cargos bem demarcados, como acontece até hoje nas grandes corporações.

Em menos de cinco anos de funcionamento da internet, aquela noção de ordem e de rotina produtiva ditada pelos meios industriais – em que o trabalho do repórter é apenas uma etapa na cadeia de produção que termina nas rotativas e na distribuição do produto ao leitor – foi subvertida pelo ritmo frenético do noticiário no ciberespaço, que passou a buscar a instantaneidade para a mensagem jornalística escrita.

Eis que surgem as figuras do "produtor de notícias", do "gerente de informação" e do editor multimídia na web: a grande diferença do novo processo digital está no fato de que os meios de produção foram parar totalmente na mão do jornalista – em geral um jornalista jovem, recém-formado, com facilidade para lidar com softwares, mas pouca experiência para tratar da informação. Ele passa a coletar, administrar, filtrar, editar e publicar as notícias. Todo o processo de produção está em suas mãos, sem nenhum filtro aparente ou editores que desempenhem o papel de revisão e edição. Ocorre então uma pressa que passa por desleixo, com a publicação de dados errados ou imprecisos e português sofrível.

Mas por que um *modus operandi* que funcionava há mais de um século – o modelo produtivo das agências – não foi imediatamente adotado pela internet? Embora os principais portais comprassem o conteúdo de várias dessas agências, havia, além da pressa (muitas vezes até maior que a do ritmo de apuração dessas grandes agências), a busca de uma exclusividade, uma customização que vinha das redações dos próprios portais.

CONSTRUINDO A NOTÍCIA EM TEMPO REAL

Assim como o trabalho jornalístico tem suas especificidades em diferentes meios, sejam eles televisão, rádio, revista ou jornal, a internet também buscou sua identidade. No entanto, nesse início de trabalho, o resultado andou mais na direção da perda de credibilidade do que no uso intenso de recursos provenientes de outros meios que poderiam ajudar na construção da notícia – inclusive do *know-how* das agências.

Numa agência de notícias como a inglesa Reuters, na qual se publicam mais de seis mil títulos por dia em quase vinte idiomas, há um método bem delimitado de produção, assim como acontece com a norte-americana Associated Press, que tem um manual de redação amplamente utilizado nos Estados Unidos.

O foco das agências é divulgar as informações com muita rapidez, mas também com precisão, já que elas servem de fonte primária para outros veículos. Funcionam como "atacadistas da notícia" enquanto seus clientes se dedicam ao "varejo da informação", entregando o produto aos consumidores. Essa segurança se delimita pela forma de construir o texto. Na Reuters, por exemplo, se surge alguma informação importante ou alguma autoridade dá uma declaração que vai "virar notícia", os jornalistas são instruídos a repassar imediatamente a informação aos editores por telefone celular, que redigem no ato uma pequena frase com as informações relevantes.

A transmissão desse primeiro título deve ser feita em questão de segundos pelo telefone, pois todas as outras agências, como a Agência

Estado com seu serviço financeiro Broadcast, a americana Bloomberg ou Dow Jones, estarão no mesmo lugar com seus repórteres divulgando a mesma informação.

Ganhar ou perder em uma situação dessas é uma questão de segundos ou de uma fração de segundos – imaginem quanto dinheiro se ganha ou se perde quando o presidente do banco central norte-americano, o FED, divulga a taxa de juros dos Estados Unidos, que afeta basicamente todos os mercados do mundo. Um segundo é tempo suficiente para que algum investidor aperte um botão de compra ou venda de algum ativo e faça milhões. Um atraso nesse caso é fatal.

Não é à toa que nas multinacionais de informação essa rapidez não só é medida, como comparada com a concorrência. Dela decorre a avaliação do jornalista, de sua equipe e o desempenho de seu país na esfera global. Em muitas dessas empresas, dela depende também o bônus que cada jornalista irá ganhar quando houver avaliação de resultados.

E como se faz para acertar com uma informação tão importante quanto a taxa de juros dos Estados Unidos ou do Brasil? A primeira regra é que a mensagem deve ser curta. Uma notícia deve começar com algo um pouco maior que um título, geralmente entre oitenta e cem toques. Nela deve ser citada a fonte, para que o leitor saiba de onde o jornalista tirou a informação e, preferencialmente, o dado novo em comparação a algum dado anterior, quando possível.

Um número só faz sentido quando comparado a outro. Ou seja, tem mais valor agregado dizer que a taxa Selic aumentou 0,25 ponto percentual para 17% ao ano do que afirmar que o BC aumentou o juro para 17% ao ano. São detalhes assim que fazem toda a diferença na hora de informar com rapidez. Dados econômicos exigem pesquisa e preparação, para que o calor da hora não faça o jornalista incorrer em erros.

Com declarações é mais difícil – por isso, é melhor parafrasear as aspas do que tentar reproduzi-las totalmente de memória. A regra de ouro, em todos os casos, é nunca ir além do que se sabe, não assumir nada para não correr o risco de editorializar a informação.

Em geral, o jornalista passa o primeiro "alerta" com o primeiro título curto e, a partir daí, tem alguns minutos para trabalhar com o editor nos dois primeiros parágrafos da notícia, que deverão dizer ao leitor o que aconteceu, respeitando o princípio da pirâmide invertida: o quê, quem, quando, onde e por quê. Com o tempo, o repórter também aprende que deverá começar sempre seu *lead* pela informação mais importante daquelas cinco perguntas.

Se o presidente da República deu uma declaração importante, o "quem" é talvez o aspecto mais relevante daquela notícia, o que vai dar autoridade ao texto. Nesse caso, não restam dúvidas de que esse é o começo do *lead*. Outras vezes, um decreto que o presidente assinou pode ser mais importante do que a fonte. Então, o "o quê" passa a ser o eixo principal do seu *lead*. Em uma notícia policial ou numa tragédia da natureza, o "como" pode ser aquilo que fisga o leitor. Não há uma regra padrão. O importante é ter treino para fazer essa reflexão-relâmpago antes de começar a elaborar os dois primeiros parágrafos. Uma preparação prévia será suficiente para que o jornalista possa responder rapidamente por tamanha agilidade, com correção.

Outra regra de ouro que a internet subverteu é a figura do editor. Além de muitos textos "subirem" para as telas sem revisão alguma, direto das mãos dos repórteres, falta o olhar de outra pessoa que amplie e explore melhor um material às vezes rico que o repórter não consegue sozinho catalogar, dividir e formatar.

Em agência de notícias, atualizar uma matéria é chave, e deveria ser assim também nos portais e sites noticiosos. O problema é que, nas agências, quando um texto é atualizado, os clientes são avisados, seja por lembretes no texto ou no título. Na internet, não. O texto é modificado e basicamente a informação que o leitor tem é o horário da atualização e não a informação do que foi acrescentado ao original. Outra confusão muito comum: às vezes o ciberleitor clica em uma notícia que acabou de acontecer e que, portanto, tem apenas um ou dois parágrafos. Ele passa a acreditar que aquilo é tudo, ou incorpora a maneira como o texto foi exibido, assumindo o parcial como a totalidade do fato. Deixar transparente o processo noticioso, informando ao leitor os próximos passos ou capítulos de uma história que se desenrola pode ser uma maneira, próxima aos recursos da TV, de educar o leitor para entender o processo de construção da mensagem jornalística. Não há vergonha nenhuma nisso. Nesses tempos de "Big Brother" e blogs informativos, revelar às audiências o modo produtivo dos jornalistas tende não só a aumentar a transparência e a credibilidade, mas também o sucesso do site.

Como dissemos, o texto tem que continuar evoluindo. E passados dez a vinte minutos da publicação original, um jornalista de agência deveria estar pronto para atualizar aquela primeira chamada em um texto de quatro a seis parágrafos. É essa a hora de "cravar" a notícia com um título preciso, que dê ao leitor uma visão correta e ampla do que está acontecendo. *Lead* e título podem mudar ou não a partir do raciocínio jornalístico que for feito a partir da discussão com um editor. Chega, então, o momento de fundamentar bem o texto com as fontes e trazer uma ou duas aspas que ratifiquem a tese do *lead*, servindo como "evidência" de que aquilo que foi escrito corresponde à verdade dos fatos – ou, pelo menos, à versão oficial da realidade dos fatos.

Terminada essa primeira etapa, começam as atualizações mais trabalhadas, em que vai se tentar ouvir o outro lado, trazer mais referências de contexto, buscar opiniões de especialistas e agregar outras notícias que repercutam aquela primeira para um texto principal que terá todas as informações relevantes sobre a notícia – o texto consolidado.

A ÁRVORE INFORMATIVA

Sempre penso em uma notícia importante como o tronco de uma árvore. O fato está lá e continuará assim por todo o dia. Por exemplo: se a principal notícia do dia é a queda de um avião. Se ele caiu às 9h da manhã e o desastre se apresenta como uma grande tragédia com vítimas, por mais atualizações e matérias laterais que os repórteres produzam, o importante é que haja sempre um único texto disponível com todas as informações relevantes contando sobre o desastre com a aeronave ancorando a página noticiosa na internet.

É muito fácil se perder no ciberespaço com a consequência de um fato, assumindo que o leitor sabe o que aconteceu previamente. Em geral, quem sabe todos os lances do desenrolar de um fato são os outros jornalistas, que ficam monitorando sites e lendo notícias o tempo todo na internet, e não o usuário que está no trabalho e que, por exemplo, tende a ler notícias na internet antes e depois do almoço, ou mesmo antes de sair para casa no final da tarde.

Por isso, é importante dar notícias laterais, o que chamo de "galhos" dessa árvore informativa –, mas que sempre deverão estar coligados com o tronco. Isso pode ser feito por hiperlinks, por textos consolidados e até recursos multimídia, como áudio ou vídeo (por exemplo: a coletiva do executivo da companhia aérea falando sobre a possível causa do acidente). O importante é sempre refrescar sua chamada com o acidente em si, e atrair o leitor para todos os outros aspectos, os "galhos". Mas a matéria "tronco" sempre terá que ser atualizada, inúmeras vezes ao dia, para que o leitor que entrou a qualquer momento na internet possa ler a chamada principal e dar-se por satisfeito ao entender o que realmente aconteceu. No final do dia, a matéria textual da internet deveria estar tão ou mais completa que a do jornal do próximo dia, e escrita de uma maneira que esteja pronta para ser transferida para o banco de dados do site.

Na apuração, existe um "quê" de Sherlock Holmes em todo o trabalho jornalístico. A busca de evidências para aquilo que se quer informar é fundamental para a credibilidade não só do repórter diante de seu editor, como do veículo perante seu leitor. A explicitação de fontes no texto da internet é justamente o que pode diferenciar o trabalho do repórter do blogueiro. Mas é fato que existe o jornalismo cidadão, tão em voga na atualidade, com pessoas comuns passando informações sobre grandes eventos noticiosos. O caso mais recente desse tipo de colaboração de pessoas não treinadas e não especializadas aconteceu em 2005 com as grandes ondas tsunamis que varreram a Ásia. Grande parte da cobertura foi feita com depoimentos, vídeos e fotos de pessoas que estavam nos locais atingidos e aos quais os jornalistas não tiveram acesso imediatamente após a tragédia.

Quem tem acesso à informação exclusiva ou de melhor qualidade – bem fundamentada, com contexto histórico – consegue construir opinião. A internet é agora um meio acessível a todos. Trabalhar a qualidade da informação, da checagem e o estilo do texto é fundamental para que o trabalho jornalístico continue sendo prestigiado na formação da opinião pública.

A POSTURA DO REPÓRTER DO TEMPO REAL

A captura de informações pelo repórter de um site ou de uma agência de notícias é diferente da de um repórter de televisão ou de rádio. Esses últimos precisam da "prova" para conseguir dar a notícia – o registro da imagem ou da voz. Os dois primeiros também devem fazer uso do gravador, mas nem sempre eles terão esse recurso à mão para reproduzir uma informação, dada a urgência pela notícia de seus meios.

O jornalista da urgência também precisa guardar essas provas, mas muitas vezes ele terá que decidir parar de ouvir uma entrevista coletiva, por exemplo, para "passar" algum alerta enquanto a fonte continua revelando informações. Agências grandes costumam mandar dois repórteres ou mais para esse tipo de evento, quando algo importante deve sair. Mas lugares menores não têm esse privilégio. Ter um faro afinado para fazer um julgamento apropriado do que é notícia e tomar a decisão de levar a informação adiante é fundamental para que o repórter desse tipo de veículo seja bem-sucedido.

Na hora de uma entrevista, também é importante obter da fonte as aspas que confirmem exatamente o fato. Para isso, é fundamental fazer perguntas abertas, que não propiciem respostas do tipo sim/não. Com uma pergunta do tipo "O sr. acredita que tal coisa...?", você pode até obter uma confirmação e conseguir escrever seu texto, mas não terá suas aspas douradas. E não vale aqui, obviamente, transformar sua pergunta em aspas só porque a fonte respondeu "sim" a ela.

Pesquisa prévia e planejamento são fundamentais para que as matérias saiam bem. Ou seja: vai escrever sobre o Carnaval carioca, rastreie o site da liga das escolas de samba e também faça alguns telefonemas. O Google foi uma salvação para os jornalistas – mas pode ser uma perdição para os mais jovens. Tem gente que sai hoje da faculdade e acha que "dar um Google" é suficiente em termos de pesquisa. Ajuda muito, é verdade, mas não pode ser tomado como fonte de informação. Nem os próprios jornais podem ser tomados como fonte de informação, porque eles erram, e muito, e muitas notícias caducam ou ficam desatualizadas com o tempo. Por isso, ainda é preciso ir a campo, sim senhor, seja pelo telefone ou na rua. Bom jornalismo ainda se faz na rua, e isso ainda não mudou.

Ao usar a internet como fonte de pesquisa jornalística, é preciso ter noção de que os conteúdos ou dados de informação que circulam na rede não representam necessariamente a liberdade do pensamento humano em sua mais plena, democrática e livre expressão. Como aponta o autor francês Roger Chartier, a internet como um todo apresenta uma dominância linguística, que é a da língua inglesa, e, portanto, uma visão cultural, logo de entrada.

Também é preciso ter em mente que os conteúdos buscados, rastreados e acessados respeitam uma certa lógica – a lógica de quem os colocou na rede. Os mecanismos de indexação em buscadores são automáticos e obedecem a certos comandos que podem ser manipulados comercialmente.

Jornalista que é jornalista desconfia até da própria sombra. Desconfia de suas crenças e seus preconceitos na hora de escrever. Por que deixaríamos de adotar esse princípio saudável para confiar no Google? Como apontou um artigo do jornal *The New York Times*, já nos idos de 2003, havia empresas que pagavam a sites para serem mencionadas em seus arquivos de busca ou para entrarem em suas rotas de indexação e aparecerem lá no alto nos mecanismos de busca. Um dos exemplos mencionados para esse tipo de busca era a palavra "Ford", que trazia 16 milhões de links. Mas o que levaria a aparecer em primeiro lugar a Ford Motor Co.? Será que tantos consumidores assim garantiriam essa primazia? Não sei... Outro exemplo, mais recente: Yahoo! e Google admitiram que filtravam informações na versão chinesa de seus sites por determinação do governo de Pequim. É a força da grana e da política se fazendo muito presente na rede. Toda atenção é pouca.

O PODER PUBLICADOR

Como vimos, nos primeiros anos da internet comercial no Brasil, a qualidade das notícias sofreu grande impacto. As novas redações dos portais, tantos as exclusivamente digitais, como Yahoo! e Terra, quanto aquelas ligadas a organizações jornalísticas (UOL, Globo.com, Agência Estado), passaram por um choque geracional e outro no fazer jornalístico.

Os profissionais mais experientes que foram contratados para o novo meio tinham anos de carreira e polpudos salários. Eles planejavam as ações de conteúdo, mas raramente tinham tempo de colocar a mão na massa, ensinar os mais jovens ou dominar as novas ferramentas multimídia. Do outro lado, quem operava as máquinas, os softwares publicadores, os decodificadores de vídeo e os programas de tratamento de imagens, mal tinha saído dos bancos escolares.

Sem editores experientes, quem sofreu foi o relato da notícia, no sentido de se elaborar uma narrativa que procura retratar um acontecimento pela descrição e cruzamento de diversas fontes. Assim era conhecido o processo adequado de se produzir notícias na era industrial, mas aqui estamos falando da era da informação, como a define Manuel Castells.

Na era do jornal, havia também uma hierarquização espacial predeterminada em vários modelos. Ela ajudava o jornalista, didaticamente, a hierarquizar as informações dentro das páginas, e o leitor a organizar a leitura na plataforma papel.

Na internet, além dos processos de apuração terem se aproximado cada vez mais do mero difusionismo de comunicados de fontes oficiais, e os textos raramente apresentarem mais de uma fonte, o espaço físico dentro da página não é mais definido cotidianamente em conjunto com o jornalista.

Pela exigência de rapidez, webdesigners e softwares publicadores passaram a determinar telas-padrão e formas "fechadas" de diagramação para a publicação de notícias – como acontece no projeto gráfico de um jornal, que determina o número de colunas fixas em cada página e alguns poucos tamanhos-padrão para títulos e fotos.

Ao se transpor para o ambiente digital, a diagramação prioriza os destaques das páginas principais de cada canal sob responsabilidade do jornalista – e esses canais também têm um formato padrão.

Um canal de internet equivaleria, assim, a uma editoria de jornal (Esportes, Cultura, Mundo etc.), com a distinção de que, na rede, há uma variedade maior de assuntos que ganham vida própria e viram canais (Moda, Sexo, Saúde, Trânsito etc.).

Nem todos os canais demandam atualização automática. Alguns conseguem segurar bem sua audiência com uma boa nova matéria ou atualização por dia – como Saúde e Viagem, por exemplo, que funcionam como uma espécie de revista digital. Outros, porém, trarão a demanda da instantaneidade.

Portanto, o jornalista da internet tem o poder não só de selecionar, editar e publicar o material que considera mais adequado, mas pode até determinar em que ritmo isso vai acontecer. Quando ele não está lá, à noite ou nos finais de semana, um robô se encarrega de recolher e publicar as notícias que chegam automaticamente nos "*feeds*" das agências noticiosas e, ao mesmo tempo, pode "subir" matérias exclusivas que foram guardadas para ir ao ar em determinada hora.

Infelizmente, esse jornalista digital ainda não traz para si, ao menos cotidianamente, a responsabilidade de criar caminhos de navegação customizados nas páginas e na ligação entre elas, para tentar explorar qual é a melhor maneira de contar uma história em telas de hipertexto, ligadas entre si pelos hiperlinks.

Isso ainda se dá pela falta de tempo e de investimento em mais mão de obra, mas, num futuro próximo, informar bem também passará pelo planejamento e design, pela formatação bem pensada da "moldura" que o *browser* ou navegador representa.

AMPLIANDO NOÇÕES DE ESPAÇO-TEMPO

Como aponta o filósofo francês Pierre Lévy, o ciberespaço ampliou noções de espaço e tempo e, consequentemente, implodiu os limites que norteavam a produção do texto jornalístico – aquele espaço físico do jornal delimitado pela materialidade do papel e a periodicidade ritmada imposta pelo horário de fechamento.

Um jornal tem hora específica diária para terminar seu ciclo produtivo, ou "fechar", e ir para a gráfica. É a etapa final e mais mecanizada de um processo eminentemente industrial (ou seja, cada parte é independente e a junção das partes com interferência da máquina é que resulta no produto).

Na **web**, várias dessas funções e máquinas são condensadas numa só figura – o jornalista digital, que acumula todo o processo com um computador na mão e algumas ideias na cabeça.

O tempo da produção industrial é o tempo das rotativas, determinado pelas máquinas, enquanto o fazer é dividido entre repórteres, redatores, editores, fotógrafos, artistas gráficos e diagramadores (função assumida por muitos editores e editores-assistentes na década de 1990).

Na internet, não é a máquina que determina o tempo em que o texto noticioso é publicado. As ferramentas automáticas permitem a publicação sem filtros de nenhum tipo (e muitas vezes sem corretor ortográfico...).

O tempo de fechamento, então, se comprime para o tempo em que ocorre a notícia e os minutos dispensados para sua redação. Quem determina quando ela será visualizada e consumida pela audiência também é o repórter ou produtor de notícias.

O fenômeno da concentração de tarefas na mão de uma só pessoa é, de certa forma, fruto da expansão das tecnologias de telecomunicação a partir dos anos 1970, afirma Castells. Esse fenômeno se relaciona com os processos de automatização e de execução de tarefas mediadas por computador que se cristalizam na vida dos escritórios do planeta nos anos 1990.

Para Castells, a emergência do modo de produção nessa etapa do capitalismo marcaria o surgimento da chamada "sociedade da informação", que tem nas redes uma de suas formas mais elaboradas de articulação.

Esse mecanismo é tão poderoso que até o modo de produção industrial esfacelou-se pelo globo, com grandes multinacionais mandando sua produção para países como a China e mantendo seu comando, administração e estratégias de marketing nos grandes centros do primeiro mundo.

Vivemos uma nova era, liderada por uma revolução informacional. Uma era "pós-industrial", na qual os principais ativos de um mercado financeiro que atua em tempo real 24 horas por dia são a informação e a velocidade com que ela se propaga.

Se as duas primeiras revoluções foram baseadas na energia (a do vapor e da eletricidade), a terceira é baseada na informação. Ela passa a ser a mola propulsora da sociedade, a forma de organização e planejamento de toda a atividade produtiva.

O que vimos brevemente neste capítulo é, de certa forma, como esse processo todo afetou a vida e o trabalho dos jornalistas que se aventuraram pelo meio digital. Muito foi feito, mas ainda há muito mais por fazer se quisermos capturar e manter as audiências ligadas ao relato jornalístico.

ALGUNS CAMINHOS

O norte-americano Jonathan Dube é um dos ciberjornalistas mais conhecidos da internet. No início do novo milênio, ele agregou algumas dicas que podem ser úteis para quem pensa o texto em tempo real e o caminho do texto na internet. A seguir, apresento um resumo de tópicos que pode ser útil na tomada de decisão para quem se aventurar pelo fascinante mundo das notícias na internet.

- Local/global – verificar se o texto que se está escrevendo vai ser entendido bem por uma audiência local, nacional e internacional. Isso pode direcionar o tipo de escrita e a profundidade do contexto expostos em cada página.

- Planejamento – antes de escrever, pensar na melhor forma de contar aquela história, veja se é possível agregar áudio, vídeo, gráficos, textos, links etc. Dar *feedback* sobre a apuração pode agilizar o processo entre jornalistas e webdesigners para avançar rápido na produção de um material diferenciado e aprofundar a abordagem da cobertura.
- Texto – o texto pode ficar entre o impresso e o televisivo, sendo mais literal e escrito na voz ativa, nunca na passiva. Outras velhas máximas do jornalismo permanecem, como concisão, uso de verbos de ação e substantivos, em vez de adjetivos. Também é preciso lembrar que, em geral, o usuário de portais aceita o uso do humor (e nunca do desleixo) bem mais do que em outras plataformas ou veículos.
- Contexto – jornalistas são provavelmente os únicos que "surfam" o dia inteiro na internet. O leitor quer saber não só o que aconteceu, mas também o que isso significa. Fazer isso sem dar-lhe o trabalho de clicar em um monte de matérias também é dever do jornalista que opera com o jornalismo on-line.
- *Lead* – não esconder o *lead*, evitar nariz de cera (aquela abertura floreada típica de artigos de revistas). O internauta tende a apreciar textos que vão direto ao ponto. O primeiro parágrafo tem que explicar o suficiente para fisgar a audiência para o resto da matéria.
- Empilhamento – nada de ficar juntando títulos que só confundem o leitor, fragmentando relatos da mesma notícia. O leitor adora receber informações picadas durante o desenrolar de um evento (p. ex.: uma votação, um jogo de futebol), mas esse conteúdo deve ser publicado numa interface que deixe claro ao leitor que ele está lendo só pequenos *drops* informativos, e não matérias inteiras. Um quadro "Informações minuto a minuto" pode resolver bem o problema e diferenciar esse conteúdo do índice de notícias. O mesmo poderia ser feito para conteúdo opinativo. Os **blogs** já funcionam como um diferenciador/ espacial. Essa ferramenta começou a ser adotada em profusão em 2005, com a crise política que atingiu o governo do PT, com os blogs políticos.
- Subtítulos – usar e abusar de subtítulos e marcadores de texto, lançar mão de tudo aquilo que ajuda o usuário a escanear

informação. Blocos de, no máximo, vinte linhas com intertítulos são uma boa medida.

- Checagem – o jornalismo on-line não eliminou os fundamentos do jornalismo escrito. Fatos ainda devem ser checados mais de uma vez, a escrita ainda tem que ser clara e fluida, as matérias devem incluir contexto e, obviamente, as práticas éticas que norteiam a profissão devem ser seguidas.

REFERÊNCIAS BIBLIOGRÁFICAS

CASTELLS, Manuel. *A sociedade em rede*. São Paulo: Paz e Terra, 1999.

CHARTIER, Roger. *Os desafios da escrita*. São Paulo: Unesp, 2002.

FULLER, Jack. *News Values:* Ideas for an Information Age. Chicago: Chicago Press University, 1996.

IANNI, Octavio. *A era do globalismo*. São Paulo: Civilização Brasileira, 1996.

JOHNSON, Steven. *A cultura da interface*: como o computador transforma nossa maneira de criar e comunicar. Rio de Janeiro: Jorge Zahar, 2001.

LÉVY, Pierre. *O que é o virtual?* São Paulo: Editora 34, 1998.

MATTELART, Armand. *A globalização da comunicação*. Bauru: Edusc, 2000.

NIELSEN, Jakob. *Designing Web Usability*. Los Angeles: New Riders, 1999.

O USO DE E-MAIL NA BUSCA DE NOTÍCIAS

As mensagens eletrônicas tornaram-se a mais importante ferramenta da internet para os jornalistas, que estão se valendo de sua rapidez, baixo custo, conveniência, flexibilidade, poder e segurança, embora haja exigências em termos de domínio do equipamento e da linguagem de computador, e das eventuais complicações de linguagem e problemas de acesso. O e-mail substituiu efetivamente o fax, uma vez que é mais rápido, mais confiável, personalizado e não necessita de papel. Os jornalistas observaram que o e-mail pode ser usado de maneira eficiente para responder a questões de rotina e verificação de fatos. Pode ser, com frequência, o único método disponível para contatar fontes em locais remotos ou em horários díspares. Fontes relutantes consideram atraente o disfarce que o e-mail permite e os repórteres perceberam que fontes difíceis de serem acessadas se tornam, com frequência, mais acessíveis por e-mail. É um recurso valioso para notícias e pesquisa internacional. Alguns jornalistas se valem da capacidade do e-mail para contatar múltiplas fontes com uma mesma mensagem e da conveniência de usar mensagens como ***follow-up***.

A maior parte dos especialistas em notícias de mídia concorda que o e-mail é uma maneira efetiva para profissionais de relações públicas se comunicarem com jornalistas. Tanto os jornalistas como os profissionais de relações públicas usam esse instrumento para monitorar a opinião pública sobre eventos e assuntos correntes, trocar informações e observações sobre notícias com outros jornalistas e para identificar fontes em potencial. O e-mail tem sido usado para distribuir *press releases*, textos de discursos, avisos de pauta, anúncios, gráficos e notificações de coletivas. Uma vantagem observada com frequência no e-mail é que ele alcança com mais facilidade destinatários específicos, sendo, portanto, conveniente na distribuição para listas de jornalistas. Os jornalistas têm tido reações conflitantes a contatos de profissionais de relações públicas, notando que é tanto um benefício como um incômodo. Os repórteres se comunicam com frequência com editores e colegas por intermédio de e-mail, mesmo quando as pessoas se encontram no mesmo edifício. Pesquisadores de notícias usam extensivamente o e-mail, da mesma forma que os repórteres – para caçar informações, confirmar fatos, monitorar a distribuição de listas e grupos de discussão, trocar informações com outros pesquisadores e enviar alertas sobre pautas ou assuntos pertinentes. Empresas de notícias também usam o e-mail para criar comunicação interativa com o público e com frequência dão importância aos comentários dos leitores sobre os textos e as cartas enviadas ao editor.

Preocupações comuns de jornalistas com relação às fontes, como a verificação da sua identidade e questões de credibilidade, também se estendem ao uso de e-mails. O anonimato com relação ao local, papel desempenhado pelo remetente, e mesmo se o seu nome é realmente o mesmo do remetente da mensagem pode ser problemático para os jornalistas. A ausência de indícios do contexto social com frequência é problemática para profissionais da notícia que precisam avaliar a qualidade da informação antes de usá-la. Esses assuntos levam muitas vezes à fraude. Para a pesquisadora norte-americana Suzanne Buckley, autora do artigo "E-mail Use by Newspapers Editors", o contato com as fontes é o uso mais comum do e-mail. Ela também afirma que os editores preferem usar e-mail para comunicar-se com profissionais de assessoria de imprensa, para receber informativos e para manter contato com os colaboradores *free-lance* e leitores. Craig Trumbo e outros pesquisadores norte-americanos se debruçaram sobre o uso de e-mail pelos jornalistas da editoria de Ciências entre 1994 e 1999, observando um aumento dramático no uso e volume. Segundo eles, os serviços aumentaram num ritmo muito maior do que as entrevistas por telefone ou pessoalmente.

A adoção do e-mail em redações, por exemplo, parece seguir a difusão clássica da inovação de modelo, sugerido pelo autor do livro *Diffusion of Innovations*, Everett Rogers. Um estudo de 1999 aponta que metade das redações de jornais usava e-mail, sendo essa a segunda ferramenta mais utilizada de levantamento de informações via computador. Ele observou que o tempo reduzido e a pouca habilidade técnica, baixo nível de apoio administrativo e ausência de treinamento eram as causas mais comuns, na época do estudo, para não se usar o computador.

O uso da nova tecnologia de mídia foi estudado a partir de uma abordagem teórica de seus usos e gratificações. As pesquisas baseadas nessa abordagem enfocavam os vários usos de uma tecnologia nova ou já existente, assim como as esperadas gratificações de seu uso – tanto gratificações psicológicas quanto outras. Essa estrutura para pesquisa da nova mídia tem sido aplicada à televisão a cabo, telefones celulares, internet gráfica e outras tecnologias e oferece bons benefícios com seu foco no público.

QUESTÕES DA PESQUISA

Apesar da crescente densidade da literatura e uma evolução dos fundamentos teóricos para os usos e efeitos das novas tecnologias, apenas um número limitado de estudos empíricos encararam o e-mail como parte de uma estratégia de compilação de notícias. Por isso é importante sempre procurarmos responder algumas questões durante o processo de apuração digital via e-mail:

1. Com que frequência os jornalistas recebem e-mail? Quantos e-mails eles recebem?
2. Quais os objetivos principais, finalidades e volume do e-mail?
3. Quais são as preocupações mais importantes dos jornalistas com relação ao uso do e-mail para levantamento de informações em jornais e nas redações? Quão sérias são as preocupações levantadas?
4. Qual a quantidade de uso de e-mail no processo de realização de entrevistas?
5. As diferenças no uso de e-mail pelo jornalista variam de acordo com gênero, idade ou nível de domínio do computador?

COMO FOI ESCOLHIDA A AMOSTRAGEM

Um levantamento nacional de correspondência de jornalistas de mídia impressa foi feito no outono de 2001, nos Estados Unidos, para determinar respostas a perguntas de pesquisa. O estudo empregou seis páginas de questionário, contendo tanto perguntas sobre o acesso, uso, volume e remessa de e-mail. Somado a itens tipicamente demográficos, o instrumento continha uma série de questões destinadas a medir tipos e níveis básicos de uso. Um filtro metodológico procurou medir as preocupações dos jornalistas sobre os problemas comumente identificados envolvendo o uso de e-mail. Os itens incluíam credibilidade de conteúdo, confiabilidade factual e questões técnicas.

Os entrevistados foram selecionados ao acaso usando uma amostragem eclética. De uma lista de cerca de 1.600 jornais diários, foram selecionados 500. O site de cada um dos jornais foi visitado para escolher entrevistados específicos. O nome de um repórter ou editor era escolhido ao acaso na cobertura de notícias num determinado dia da semana. Questionários e envelopes de resposta devidamente selados e endereçados foram enviados diretamente a esses entrevistados em outubro de 2001. Uma segunda correspondência, para aumentar o índice de respostas, foi enviada um mês depois. Um total de 201 jornalistas retornou questionários úteis, numa taxa de 40,2% de respostas.

RESULTADOS

Os entrevistados eram diversificados demograficamente. Representavam um amplo leque de jornais, de muito pequenos a muito grandes. A maior parte era repórter, porém editores e administradores de notícias também estavam representados. Alguns entrevistados, especialmente em pequenos diários, desempenhavam várias funções. A amostragem contava com um pouco mais de homens (57%) do que mulheres e todos eram jornalistas há pouco mais que uma década. Os entrevistados estavam na faixa dos 35 anos, mas 36,2% tinham 29 ou menos. A maior parte era formada por repórteres especializados (58,5%) ou repórteres gerais (14,5%), sendo 19% editores. Os entrevistados se viam como usuários intermediários de computador (66,5%). Mais de 9 em 10 entrevistados tinham conta e endereço de e-mail, fornecidos pelo jornal. Mais da metade tinha **banda larga** ou outro tipo de acesso rápido.

Os usos de e-mail variaram: 75,1% utilizavam e-mail para trocar informação com fontes; 61,2% para comunicação com colegas e 45,3% com superiores; 33,8% para enviar textos ou conteúdo de notícias para as redações; 28,9% para subscrever listas de distribuição e 12,4% para subscrever grupos de discussão ou notícias.

As listas mais usadas incluíam grupos de interesse e debate específicos, como drogas e medicina, jogo, empresas de notícias, fornecedores de notícias, polícia e outros grupos de controle, e governo. Apenas 23,4% dos entrevistados afirmaram ter enviado mensagens por meio de lista de distribuição. Já um total de 39,4% relatou ter usado uma ou mais listas de aviso de pauta. Os mais usados foram listas de interesses especiais, de empresas de notícias e serviços de avisos do governo. Alertas do censo demográfico americano também se mostraram populares junto aos que responderam a um questionário aberto.

Como o e-mail pode ser acessado de diferentes locais, os jornalistas usavam-no fora da redação tanto para assuntos profissionais como pessoais. O acesso pela redação ultrapassou os 90%, e o acesso de casa também foi alto. Um total de 75,3% relatou acessar o e-mail de casa. Desses, 34,2% liam e-mail de negócios e profissionais de casa. Os entrevistados relataram que 78,3% de todo e-mail lido em casa era relativo a negócios, ao passo que apenas 14,5% disseram haver equilíbrio entre os dois e 7,2% que a maior parte era de natureza pessoal.

Os jornalistas receberam, diariamente, três vezes mais mensagens profissionais do que enviaram. Relataram ter recebido uma média diária de mais de 15 mensagens profissionais, contra cerca de 5 enviadas. O uso pessoal de e-mail foi menor. Os profissionais relataram ter recebido cerca de 8 mensagens pessoais por dia, enquanto mandavam cerca de 3.

No uso de e-mail, os jornalistas apontaram alguns problemas. Usando o indicador de 5 pontos em que 5 representava "muita preocupação" e 1 representava "nenhuma preocupação", os jornalistas mostraram a maior preocupação com relação aos spams enviados por e-mail, entre 2 e 3 pontos da escala. A preocupação maior foi com relação a vírus transmitidos por e-mail que poderiam resultar em perda de informação e dados ou causar danos ao sistema da redação. Os entrevistados não pareceram preocupados em expressar suas opiniões pessoais em listas de distribuição ou novos grupos, nem que o e-mail fosse lido por outra pessoa que não o destinatário, ou que mensagens enviadas não fossem recebidas e correspondências importantes pudessem se perder.

Os entrevistados também pareceram pouco preocupados com que outra pessoa usasse seu endereço eletrônico ou que citações tiradas de uma mensagem pudessem de alguma forma ser citadas fora do contexto. Não aparentaram se importar se algum entrevistado por e-mail não fosse a pessoa que ele supunha e que fatos obtidos não pudessem ser confirmados. Por outro lado, os jornalistas acharam que as entrevistas por e-mail não fornecem informação confiável; que a informação enviada não poderia ser usada porque a fonte desconhecia que se tratasse de entrevista para publicação; que uma mensagem seria encaminhada para pessoas que não deveriam vê-la; e que ele inadvertidamente poderia enviar uma mensagem para a pessoa errada.

Constatou-se que o e-mail tinha um pequeno papel nas entrevistas jornalísticas. Enquanto a vasta maioria de entrevistas foi feita por telefone (51,3%), ou pessoalmente (41,7%), apenas 6,5% delas foram conduzidas usando e-mail. Ainda, 4,6% foram conduzidas de "outras" maneiras. A maior parte dos entrevistados usaram pouco o e-mail em entrevistas. Apenas um quarto daqueles que disserem terem usado o e-mail para entrevistas relataram uma proporção de mais de 10% das entrevistas.

Os jornalistas que começaram a usar e-mail para entrevistas julgaram isso positivo. Um total de 72,3% rotulou suas experiências como "bem-sucedidas" e outros 16,1% disseram que elas foram "muito bem-sucedidas". Entre os que responderam a essa questão, só 11,6% acharam que foi tanto um "insucesso" como "um grande sucesso". Os jornalistas com frequência consideram o e-mail útil para contatar grupos, empresas e autoridades públicas sobre assuntos políticos. Dos que responderam, 81,4% usaram o e-mail para essa finalidade. Quase todos os jornalistas que usaram o e-mail dessa forma consideraram a experiência bem-sucedida (61,6%) ou muito bem-sucedida (23,9%). Apenas 15,1% a consideraram negativa.

Em geral, tanto homens como mulheres jornalistas não diferem, de forma significativa, quanto a preocupações com levantamento de notícias e armadilhas do e-mail. No entanto, as mulheres se mostraram mais preocupadas do que os homens de ter seus e-mails lidos por outra pessoa, em seus computadores. Esse foi o único item que apresentou uma diferença estatística significativa.

A idade também apresentou poucas divergências. Entrevistados mais jovens, com menos de 30 anos, mostraram-se menos preocupados do que os mais velhos de que uma mensagem pudesse inadvertidamente ser mandada para a pessoa errada.

No entanto, houve um número maior de diferenças estatisticamente significativas nas preocupações sobre e-mail, em função do papel desempenhado na redação. Essas diferenças eram significativas em quase metade das manifestações. Editores, editores-assistentes e *publishers* mostraram-se mais preocupados do que seus repórteres sobre tirarem de e-mails citações fora de seu contexto. Os editores também estavam mais preocupados com a credibilidade do conteúdo de e-mail e com o fato de informação factual não poder ser confirmada. Mais do que outros, temiam que alguém pudesse usar seu endereço de e-mail pessoal para enviar uma mensagem ou que alguém outro que não o destinatário lesse seu e-mail. Também ficaram preocupados sobre receberem e-mails não solicitados. Os editores também expressaram preocupação – mais do que outros entrevistados – de que mensagens que enviaram fossem encaminhadas para pessoas que não deveriam vê-la.

Não houve diferenças significativas de gênero encontradas no volume de mensagens profissionais ou pessoais recebidas diariamente. Da mesma forma, não houve diferenças de gênero significativas ou diferenças de grupos de idade em termos das proporções de entrevistas conduzidas pessoalmente por telefone, por e-mail ou de outras formas.

Entrevistados mais velhos, acima de 40 anos, receberam mais mensagens profissionais diariamente do que suas contrapartidas mais jovens. Entrevistados mais velhos que funcionavam tanto no papel de supervisores como no de *publishers* da redação receberam cerca de 22 mensagens por dia, e os mais jovens, 8 ou 9 mensagens. Não houve outras diferenças estatisticamente significativas em grupos etários diferentes.

Da mesma forma, *publishers* de redação receberam um número estatisticamente bastante maior de mensagens do que sua contrapartida de repórteres. Os administradores de redações receberam em média quase 33 mensagens diárias comparadas com 24 para outros profissionais, 10 ou 11 para repórteres especializados, 8 ou 9 para repórteres gerais.

Em termos de mensagens enviadas, repórteres especializados foram mais ativos, embora as diferenças fossem pequenas. Administradores de redação e repórteres gerais foram significativamente diferentes. Não houve, no entanto, diferenças no volume de mensagens pessoais enviadas ou recebidas por esses grupos. Olhando a proporção de entrevistas conduzidas usando e-mail e outras abordagens mais tradicionais, não foi encontrada diferença significativa entre os papéis desempenhados nas redações.

Da mesma forma, não houve diferenças estatisticamente significativas de como iniciantes ou usuários intermediários e avançados de computador encaravam suas preocupações sobre e-mail ou nas proporções das entrevistas destinadas a abordagens por telefone, pessoais, por e-mail ou outras.

O PAPEL DO E-MAIL NO COTIDIANO DAS REDAÇÕES

Aparentemente há amplos leques de uso de e-mail e níveis de utilização nas redações. Isso sugere que um processo de aprendizagem está em curso. Os jornalistas estão determinando se o e-mail tem um papel sério no levantamento de notícias. À medida que a tecnologia de e-mail evolui, novas configurações abrem novas possibilidades. Há pouca evidência de que os jornalistas estejam usando formas sofisticadas de e-mail, como envio de mensagens de vídeo e áudio, conferências virtuais, lista de *mailing* de grupos, ou mesmo anexos de vídeo e áudio, mas o presente estudo não abordou diretamente esses pontos.

O papel do e-mail no processo de entrevista permanece indefinido. Ainda que os jornalistas usem e-mail para se comunicar com as fontes, a maioria deles não depende do e-mail para conduzir entrevistas. Entrevistas por telefone e pessoais continuam a dominar e os jornalistas não encaram o e-mail como um meio legítimo – como conversas via telefone ou pessoais – para conduzir entrevistas. No entanto, parece que um bom número de jornalistas já está usando e-mail para entrevistas, sendo útil examinar adiante que tipos de entrevistas e de informação têm sido usados nelas.

Há preocupações jornalísticas procedentes sobre o uso de e-mail no levantamento de notícias. Alguns entrevistados notaram uma ênfase na tecnologia com efeitos nas redações, mas não viram isso se refletindo na qualidade da informação que obtiveram. Outra preocupação marcante foi com a perda de tempo e recursos causada por mensagens não solicitadas. O potencial de perda de trabalho causada por vírus e outros aplicativos malignos também foi muito lembrado. Talvez uma das descobertas mais intrigantes envolva o papel do e-mail nas redações. Os editores estão muito mais preocupados com a segurança e credibilidade da informação no e-mail do que com outras coisas. Os *publishers* parecem muito mais focados nos problemas que possam ocorrer na informação obtida por meio do e-mail do que os repórteres. As análises indicam que os editores se mostraram estatisticamente diferentes em quase metade dos itens examinados. Com certeza essa distinção exige pesquisas adicionais. Não foram registradas diferenças significativas de como homens e mulheres encaram o e-mail. Também foram pequenas as diferenças em termos de gênero e idade. Não houve diferenças no nível de autoavaliação em termos de domínio e uso do computador. É provável que pessoas capacitadas em computação usem o computador de forma diferente das menos habilitadas. Isso pode sugerir um maior volume de uso, maior diversidade em tipos de utilização, ou outras diferenças fundamentais. Iniciantes na profissão estavam mais envolvidos com e-mail – pelo menos em termos de envio de mensagens comerciais. Essas descobertas sugerem, é claro, que pessoas mais experientes em e-mail tenham passado a fase de "fascínio" e estão mais aptas a restringir e administrar seu uso.

Espera-se que os achados possam contribuir para a criação de um modelo de processamento ou um cenário teoricamente mais compreensivo. Essas descobertas podem ser potencializadas com pesquisas adicionais, baseadas mais diretamente em abordagens de uso e gratificação. Também deveria ser avaliada a credibilidade da informação obtida por e-mail.

Uma amostragem desenhada intencionalmente, que use repórteres e editores em nível de administração, poderia contornar a generalidade dessas descobertas. Isso provavelmente levaria a determinar um número proporcional de grupos entrevistados para análise de dados em função de papéis desempenhados nas redações, aumentando o grupo de editores e criando um equilíbrio melhor entre repórteres de setor e repórteres gerais. Uma dependência menor da autoavaliação sobre domínio de computador pode também aprimorar a análise dessa variável.

Uma clareza maior sobre as aplicações no envio e recebimento de e-mail poderia ter aprimorado essa análise. É possível que os entrevistados não tenham sido específicos sobre certos usos, como listas de discussão, fóruns, *mailing* e mesmo grupos de notícias. Essas funções e recursos têm frequentemente significados diferentes. Como alguns usuários leem e-mail com clientes que não podem visualizar grupos de notícias, o estudo se beneficiaria se as aplicações e seus usos fossem separados. Da mesma forma, e-mail solicitado e não solicitado são bem diferentes e precisam de mais apuração. A grande variedade de sistemas de mensagens e capacidade dos clientes de e-mail nas redações deveria ser considerada. Será proveitoso determinar os níveis de acesso ao e-mail. Este estudo fornece apenas dados descritivos básicos sobre acesso individual. Qual é o impacto de acesso menos conveniente – como um computador central compartilhado numa redação – no levantamento de informações? Existiriam questões particulares envolvidas? O papel das listas de distribuição também exigirá pesquisa adicional. Pode ser útil saber quais listas estão sendo usadas, para que propósitos e com que frequência.

A demografia dessa amostragem é semelhante à dos pontos de partida de estudos nacionais de jornalistas no último quarto de século, conduzidos por Johnstone, Slawski e Bowman (J.W.C. Johnstone, E.J. Slawski e W.W. Bowman, *The News People: A Sociological Portrait of American Journalistas and Their Work.* Urbana: University of Illinois Press, 1976); Weaver e Wilhoit (David Weaver and G. Cleveland Wilhoit, *The American Journalist in the 1990s.* Mahwah, NJ: Lawrence Erlbaum, 1996) e David Weaver e G. Cleveland Wilhoit, *The American Journalist: A Portrait of U.S. News People and Their Work.* Bloomington: Indiana University Press, 1986). Esses estudos concluíram que os jornalistas nos Estados Unidos estavam na faixa dos 35 anos e eram homens, na grande maioria. No entanto, o número de mulheres que entrou para a força de trabalho em jornalismo aumentou nos últimos anos e pode não ter se refletido em pesquisas mais antigas. Os dados foram analisados usando variáveis propostas no livro *Reasoning with Statistics*, de Hubert M. Blalock, Jr., Editora McGraw-Hill, Nova York, 1972.

Cenário brasileiro

Pollyana Ferrari

O uso de ferramentas como correio eletrônico, SMS, MSN, ICQ e Orkut tem transformado a vida dos jornalistas e assessores de imprensa no Brasil. Em uma recente pesquisa qualitativa, realizada para este livro, constatou-se que, como aponta Bruce Garrison, em seu artigo, o uso de e-mail e ***stick applications*** está dando uma nova cara ao trabalho do jornalista. Entre os entrevistados, a média semanal de envio de *release* por e-mail ficou na casa dos sete. Todos foram unânimes em concordar que e-mail, MSN e ICQ são usados para relacionamento direto entre o assessor e o jornalista; Google e Palm Desktop, para levantamento de dados e apoio para "venda de pautas". Ter acesso ao jornalista, não importa onde ele esteja – o que antes era impossível – foi muito facilitado com o e-mail.

Ferramentas como o fax estão desaparecendo das redações. Fabiano Oliveira, da RP1 Comunicação, afirma que "há sete anos eu usava muito fax para divulgar pautas, *press releases*, avisos de coletivas e convites para eventos. Hoje isso foi totalmente substituído pelo e-mail e MSN". Oliveira também acredita no avanço dos portais interativos, dedicados exclusivamente aos jornalistas.

De 2000 a 2003, Oliveira foi responsável pela versão em português do portal de relacionamento da Cisco Systems. "Atualizávamos diariamente com *releases*, fotos, gráficos, pesquisas, **chats** com os executivos e outros serviços como videoconferência, por exemplo."

Para Analu Andriguetti, gerente de comunicação na agência de publicidade "JWT", em que coordena a divulgação institucional e de campanhas, a tecnologia facilitou o fluxo de informações dentro das empresas e com os públicos com os quais o assessor se relaciona. "As notícias chegam mais rapidamente, por meio da intranet, internet, *clippings* diferenciados e customizados para as empresas. Os aparelhos celulares, palm-tops, notebooks ajudam a melhorar o desempenho do profissional, reduzem o tempo das tarefas e tornam o nosso trabalho mais móvel", ressalta Andriguetti, que também constata que "a tecnologia exige do assessor um perfil de atuação mais ágil, antenado com as novidades e com poder de decisão".

Para quem trabalhou com o telex e a telefoto, a tecnologia é uma verdadeira bênção. Ainda assim, o profissional deve saber trabalhar com e apesar da tecnologia. Contatos pessoais com clientes e jornalistas ainda devem ser amplamente cultivados. "Embora seja muito comum ouvirmos a questão da falta de tempo, acredito que ainda é no contato pessoal que se conquista a confiança de jornalistas e clientes", diz Camila Luizzi Ramos, assessora da Editora Melhoramentos.

Segundo Luciana Branco, da Luciana Comunica, o contato pessoal não pode ser substituído. "Eu uso muito e-mail, mas percebo também que as notas e pautas de última hora podem ser salvas com um simples telefonema. Nada substitui o bom-senso", afirma Branco.

(Tradução: Mirna Gleich)

REFERÊNCIAS BIBLIOGRÁFICAS

CALLAHAN, Christopher. *A Journalist's Guide to the Internet*: The Net as a Reporting Tool. Boston: Allyn and Bacon, 1999.

GARRISON, Bruce. *Computer-Assisted Reporting*. 2. ed. Mahwah: Lawrence Erlbaum Associates, 1999.

REAVY, Matthew M. *Introduction to Computer-Assisted Reporting*: A Journalist's Guide. Mountainview: Mayfield, 2001.

BLOG: UMA FERRAMENTA PARA O JORNALISMO

Era para ser apenas uma brincadeira de adolescentes. Era para ser só um desabafo, uma série de comentários desconexos sobre qualquer banalidade do dia a dia ou, quem sabe, até mesmo sugestões para mudar o mundo. Tanto era assim que, em 2002, o editor da versão **on-line** do *The New York Times*, Martin Nisenholtz, não hesitou em dizer que os tais diários da internet, ou simplesmente **blogs**, jamais deixariam de ser um mero passatempo de crianças ou coisa de funcionários descontentes com seus chefes.

Diretor das operações digitais do maior periódico norte-americano, Nisenholtz debochava das declarações feitas pelo especialista em novas tecnologias Dave Winer, cujas previsões davam conta de que, já em 2007, o jornalismo feito pelos tais "blogueiros" seria mais completo e, por vezes, até mais influente que aquele praticado nas páginas eletrônicas do *Times*.

Winer exagerou, é fato. Mas também é verdade que este curto espaço de tempo entre visões tão distintas já serviu para mostrar a natureza quase "ingênua" das palavras de Nisenholtz. Talvez o melhor caminho para esse editor teria sido publicar suas previsões em um simples blog.

O recente fenômeno dos diários eletrônicos, que começaram a ganhar impulso a partir dos anos 2000, já mostrou que, se a blogosfera ainda não é o universo pintado por entusiastas como Winer, também está muito longe de ser uma banal diversão eletrônica. Da literatura, passando pelo cinema e chegando ao jornalismo, os blogs simplesmente inundaram a rede mundial de computadores, realidade que acabou trazendo uma nova face para os meios de comunicação, um sinal claro de que são e continuarão a ser agentes fundamentais da transformação midiática dos próximos anos. Tais quais os sistemas BBS (*bulletin board system*), que um dia acenaram para aquilo que se transformaria nas atuais páginas de internet, são os blogs uma das mais evidentes expressões da revolução digital que tende a se alastrar entre consolidados veículos de comunicação, desafiando conceitos profundamente arraigados na indústria jornalística.

A imprensa tradicional procura agir com cautela. Não é a primeira vez na história da comunicação – tampouco será a última – que uma nova ferramenta ou meio promete colocar em xeque o seu próprio futuro. No entanto, fica impossível ignorar que, desta vez, o fenômeno digital atinge em cheio o coração do fazer jornalístico.

Até aqui, a arma mais comumente utilizada por parte da "velha imprensa" para se defender desse novo fenômeno digital procura se valer dos tradicionais processos e métodos da produção jornalística, uma forma de se distanciar ou mesmo de desqualificar as iniciativas dos chamados "blogueiros", inclusive daqueles que assumem um perfil mais noticioso e/ou opinativo. Falta de organização das notícias, limitação de diversidade de fontes, pouca periodicidade, baixa confiabilidade e ausência de compromisso com o leitor estão entre as principais queixas. Mas o fato é que tais argumentos estão cada vez mais vazios, haja vista o avanço desta ferramenta de comunicação e a consequente profissionalização de grande parte de seus adeptos, o que já inclui milhares de jornalistas de veículos tradicionais.

Se no ano 2000 os primeiros blogs ainda começavam a tagarelar na **web**, já na primeira metade desta década o fenômeno totalizava nada menos que 30 milhões de endereços, reunindo mais de 700 mil atualizações diárias, o equivalente a 29 mil publicações por hora. A cada minuto, milhares de blogs são criados na rede, num ritmo de crescimento cuja consequência ainda é mistério para os meios de comunicação.

É certo que, em um caos de informações dessa magnitude, a maior parte dos arquivos eletrônicos publicados pelos blogs realmente fazem referência àquele tipo de conteúdo um dia citado pelo editor do *Times*. Mas o que Martin Nisenholtz não podia supor é que esse mesmo ambiente eletrônico, com suas pichações digitais, também passasse a abrigar uma fonte inesgotável de notícias e críticas, exercício feito por pessoas de toda parte, usando um simples computador para veicular informações e informar leitores.

Não demorou muito para que, em meio a tanto barulho, um ruído em especial chegasse, finalmente, aos ouvidos atentos dos profissionais de comunicação, deixando um recado muito claro: acabou a exclusividade do jornalista quanto à divulgação de informações. O fluxo da notícia, até então um monopólio de profissionais acostumados à via de mão única da comunicação, passa a ter um novo personagem, desafiando princípios consolidados da estrutura midiática e convidando o jornalista para um curioso debate, por que não, com o seu leitor.

Uma conversa difícil, é claro. Principalmente por se tratar de partes tão pouco inclinadas a encontros – ou confrontos – diretos. Os efeitos desse fenômeno estão bem ilustrados nas palavras do premiado jornalista inglês Simon Jenkins, que já chefiou publicações como *The Economist*, *The Times* e *The Guardian*. Em reflexões sobre o tema, Jenkins não hesita em declarar que o desafio do jornalismo convencional, na atualidade, é provar que qualidades como levantamento de notícias e confiabilidade são mais importantes que "um simples grito de opinião" e que possuem valor suficiente para fazer com que as pessoas paguem por essas informações.

É notável que a maior parte dos blogs, pela própria natureza da ferramenta, acaba por expor, exclusivamente, a linha de raciocínio de seu autor, o que tende a personalizar a notícia e a atrair, com maior ou menor intensidade, opiniões semelhantes. Assim, se de um lado exercita-se uma postura crítica em torno de determinado assunto, de outro se exclui a sua negação, distanciando o tema de manifestações mais abertas e democráticas, o que esvazia qualquer possibilidade de debate. Não por acaso, como observa Jenkins, a maior parte dos blogs de cunho jornalístico se baseia exclusivamente na repercussão de fatos noticiados pela televisão ou pelos principais jornais, para daí tecer seus comentários. Irônico, o jornalista chega a dizer que a "grande mídia" tem que continuar a ganhar dinheiro, caso contrário, a fonte profissional do blog morrerá. Em síntese, é preciso que alguém continue a checar informações, entrevistar fontes, ouvir os vários lados da notícia, investigar, escrever, editar e por aí vai.

Mas à sombra de tantas verdades, tal postura também não deixa de simbolizar um lastro de preocupação com um cenário ainda imprevisível, uma tensão decorrente do momento de crise que vive a imprensa mundial, processo que, inegavelmente, tem se intensificado com a consolidação de novas mídias.

No relatório *O estado da imprensa 2006*, elaborado pela Escola de Jornalismo da Universidade de Colúmbia (EUA), nota-se que as receitas publicitárias dos jornais norte-americanos tendem a, cada vez mais, enfrentar um crescente processo de migração para outros meios, principalmente para a internet. Essa fuga publicitária é, como constatam os especialistas em mídia, resposta imediata à queda no número de leitores. Se em 1984 cerca de 63,3 milhões de norte-americanos liam 1,6 mil jornais, em 2005 eram 45,2 milhões de leitores optando por 1,4 mil diários. Entre 1990 e 2005, a tiragem dos impressos nos Estados Unidos caiu 15%, o equivalente a mais de 9 milhões de exemplares, em dias de semana. A cereja desse bolo indigesto são as crescentes demissões no setor, que só na primeira metade dessa década dispensou pelo menos 3,8 mil jornalistas naquele país.

Embora os efeitos decorrentes da informatização sejam mais visíveis na imprensa de países mais avançados, como Estados Unidos, Inglaterra ou Coreia do Sul, também o Brasil faz parte dos que já estão sofrendo com os reflexos da onda digital. Se a venda de jornais no país caiu anualmente apenas 0,5% entre 1965 e 2000, o índice negativo saltou para 6% até 2003, não por acaso o período em que o acesso à rede mundial de computadores mais cresceu no Brasil.

Intrigado com a situação, o estudioso de mídia Philip Meyer, autor do livro *Os jornais podem desaparecer?* (editado pela Contexto), também aderiu a números e previsões e chegou à conclusão de que, se o mercado de comunicação mantiver o atual ritmo de queda, o último jornal impresso dos Estados Unidos será lido em meados de abril de 2040. Parece loucura? Terrorismo acadêmico? Os *publishers* não pensam assim.

Preocupados em manter altas taxas de lucros com os impressos, grandes grupos de mídia já começaram a ver boa parte de suas verbas publicitárias migrarem para a mídia on-line. Até aqui, de certa forma, talvez não houvesse tanta razão para se preocupar. Afinal, ainda é a mídia tradicional que tem dominado o mundo das notícias via internet. É o que se nota no estudo feito no final de 2005 pelo instituto americano Pew/Internet. Entre os mais de três mil adultos entrevistados, 46%

disseram visitar páginas de TVs como CNN e MSNBC quando saem em busca de informações pela internet. Outros 32% disseram ir direto para sites de jornais diários locais, enquanto 20% rumam para impressos de circulação nacional.

Como o próprio editor do *The Times* tratou de pontuar, em 2005 a edição impressa do jornal inglês era comprada por cerca de 700 mil pessoas. Enquanto isso, cerca de 3,5 milhões de leitores já se debruçavam em frente a um computador para acessar o *Times On-line*.

Mas audiência não é tudo. Isso porque, embora o número de leitores via internet já supere em muitas vezes a quantidade de assinantes dos impressos, o lucro publicitário que brota da web ainda é pífio, se comparado aos padrões a que a indústria da comunicação está acostumada.

Durante uma conferência da Associação Mundial de Jornais (World Association of Newspapers ou WAN), realizada no início de 2006, o consultor Vincent Crosbie, da companhia especializada em estratégias publicitárias Borrell Associates, chamou a atenção para o fato de que, naquele momento, o leitor de um jornal impresso representava, em termos de faturamento publicitário, o equivalente a cem leitores do veículo on-line. Isso significa que, para cada leitor do papel que migrasse para a internet, o jornal teria que conquistar outros cem visitantes na rede para manter uma mesma receita com propaganda. Segundo as pesquisas de Crosbie – que também publica seus estudos no blog Digital Deliverance –, no ano de 2005 o faturamento dos jornais, com suas edições digitais, atingiu cerca de US$ 4 bilhões, o que representava em torno de 6% do que foi movimentado pelos impressos.

Em análises feitas com base no relatório "O estado da imprensa 2006", os especialistas chegaram à conclusão de que, se forem mantidos os resultados atuais entre os meios impresso e digital, só em 2017 o jornalismo on-line alcançaria um faturamento publicitário igual àquele obtido atualmente pelos jornais de papel. Em outras palavras, uma eternidade, caso os barões da imprensa decidissem abrir mão dos diários tradicionais para migrar de vez para a rede. Uma crise financeira nesse período seria inevitável.

Nesse ambiente, como fica a vida daqueles que decidiram fazer dos blogs uma profissão? Há meios de se fazer jornalismo – e dinheiro – com um diário virtual? Muita gente por aí já não tem qualquer dúvida sobre o assunto. Iniciativas realizadas nos Estados Unidos acabaram por inspirar ações em países como o Brasil, endossando o entusiasmo de quem já aderiu ao modo do "faça você mesmo". É o caso do professor da Universidade do Tennessee Glenn Reynolds, 46 anos, que publica o blog InstaPundit desde 2001. Inspirado pelos seus mais de 26 mil leitores diários conquistados em 2005 – o que naquele ano o colocava entre os três mais acessados blogs políticos nos Estados Unidos – Reynolds decidiu rechear seu diário com anúncios publicitários. Indo além, o professor não abriu mão de buscar, inclusive, o meio impresso para questionar o futuro da mídia tradicional. Em seu livro *An Army of Davids: How Markets and Technology Empower Ordinary People to Beat Big Media, Big Government, and Other Goliath*, vendido em sites de redes como Amazon e Barnes & Noble, o professor extrapola discussões sobre controle na publicação de informações e a ascendência dos blogs.

Não muito próximos das discussões sobre o papel da grande mídia e seu futuro, os blogueiros brasileiros também têm mostrado que a grande rede é um prato cheio para a verve literária. Já perceberam isso muitas editoras, que vasculham a web em buscas de bons textos e ideias. O blogjornalismo também já saiu do estágio embrionário no Brasil. Profissionais consolidados da imprensa nacional, como Fernando Rodrigues, José Roberto Torero e Ricardo Noblat são alguns exemplos do espaço cativo que os blogs conquistaram no meio digital, sinalizando o potencial da nova ferramenta. Carregados de "furos", opiniões e um tom mais informal, os blogs passaram a frequentar, diariamente, o espaço nobre das principais páginas eletrônicas da rede. Também não são raros os casos em que esses "diários pessoais" acabam pautando, inclusive, o jornal do dia seguinte, por vezes citado como fonte de alguma "bomba" publicada pelas principais revistas impressas no fim de semana.

A publicidade sabe disso. Também o sabem os portais. De outra forma, certamente anúncios como os chamados **banners** e **pop-ups** não estariam frequentando os blogs desses jornalistas – para ficar nos exemplos citados –, como esses também não estariam estrategicamente hospedados nos principais portais da web brasileira. Ao venderem seus pacotes publicitários, departamentos comerciais dos principais sites do país chamam a atenção para o conteúdo produzido pelos blogs, e suas respectivas audiências, uma forma de cativar o interesse em atingir um leitor diferenciado.

Os profissionais da informação, dessa forma, teriam finalmente encontrado um modelo de negócios para o blogjornalismo? Se aninhar em um portal e ponto-final? Sem dúvida é uma opção, mas não a única. Entre as várias experiências correntes na rede mundial, já há casos que testam a integração de dezenas de blogs especializados, reunindo um grupo de colaboradores em um único endereço, formatado para fazer a cobertura de determinado tema.

Discussões comerciais à parte, é certo que a maior revolução trazida pelos blogs toca não apenas nas relações operacionais dessa indústria da informação, mas mais precisamente nos processos de produção da notícia e de seus agentes. Experiências como a do *News Press*, feito por um grupo de jornalistas da região sul da Flórida (EUA), mostram esses efeitos na prática.

Fazendo uso do que se convencionou chamar de repórter-abelha, o *News Press* tem explorado a cobertura de assuntos extremamente localizados, aproveitando a lacuna gerada por grandes jornais impressos que, devido a restrições financeiras, deixaram de editar cadernos regionais em cidades menores.

No caso do *News Press*, o alvo são três pequenas comunidades locais, que somam menos de 10 mil pessoas. Assim, com um monte de apetrechos tecnológicos nas mãos, os repórteres-abelha saem pelas ruas das cidades em busca de notícias, e transmitem o que encontram pela frente por meio de equipamentos sem fio.

Mais que elaborar reportagens hiperlocais, os jornalistas também passam a se entrosar com as comunidades. Em última instância, o objetivo dessa aproximação é fazer com que pessoas comuns, após passarem por um treinamento básico, atuem também como jornalistas. Na prática, a ideia é fazer com que qualquer um passe a escrever, entrevistar, apurar fatos e enviá-los para publicação, uma iniciativa que, sem dúvida, levantaria muitas discussões se aplicada no Brasil.

Insanidade? Falta de compromisso com o leitor? Longe disso, pelo menos para o padrinho do projeto. Por trás do *News Press* está nada menos que a rede Gannett, um conglomerado de mídia dos Estados Unidos que publica mais de 90 jornais diários, entre eles o *USA Today*. Os executivos da Gannett acreditam que a moda deve pegar. Dúzias de projetos semelhantes começam a ser testados por outras empresas de mídia em cidades pequenas de diversos países, principalmente em comunidades que já possuem uma base consolidada de usuários de internet em **banda larga**.

Entre as iniciativas baseadas no que já se denomina por "jornalismo cidadão", uma das maiores expressões é o jornal digital sul-coreano

OhMyNews, nome inspirado na expressão americana "Oh, my God". Beneficiado pela maciça disseminação da internet em alta velocidade daquele país (cerca de 75% da população tem acesso à rede via banda larga), o jornal, criado no início de 2000, foi um dos primeiros a radicalizar esse novo tipo de produção de notícias.

Sob o slogan "cada cidadão é um repórter", o jornal on-line iniciou suas operações com quatro jornalistas, mas logo já contava com a colaboração de 800 pessoas. O negócio se alastrou. Cinco anos depois, com cerca de 70 profissionais na redação, o *OhMyNews* passou a contar com um *staff* de 35 mil pessoas, responsáveis pelo envio de aproximadamente 200 notícias diárias, utilizadas em edições on-line, impressa e até em vídeo.

Para lidar com o desafio de comprovar a autenticidade das notícias enviadas pelos seus colaboradores, o jornal tratou de incitar entre eles conceitos de cidadania e responsabilidade. Uma forma simbólica de remuneração também foi criada. Cada repórter cidadão passou a receber cerca de um dólar por cada notícia publicada.

O resultado da empreitada são nada menos que 15 milhões de visitas diárias, número que supera de longe a circulação dos impressos e que representa mais de 30% da população da Coreia do Sul.

Além dos coreanos, o mundo da mídia também passou a olhar com mais atenção para o *OhMyNews*. Principalmente depois que o jornal eletrônico recebeu investimentos de 5,2 milhões de dólares para ampliar suas operações. O financiamento feito pelo SoftBank, investidor de projetos tecnológicos que já injetou dinheiro em empresas como *GeoCities e Yahoo!*, tem como uma de suas metas consolidar as operações da *OhMyTV*, especializada em projetar vídeos enviados pelos colaboradores.

Os recursos também devem ser usados com o propósito de testar projetos em outros países para, quem sabe um dia, integrar uma rede mundial da iniciativa.

O olhar desconfiado de muitos já deu espaço para a curiosidade e, por que não, para a oportunidade. Desde 2003, o Japão passou a contar com a publicação do *JanJan*, projeto de jornalismo cidadão que recebeu investimentos de 1 milhão de dólares do magnata da mídia japonês Ken Takeuchi. Há algum tempo, jornais on-line especializados também ganharam forte projeção, como é o caso do *Slashdot* e do *Digg*, voltados para a comunidade de informática.

A grande mídia também já entrou na jogada. A própria BBC, assim como o grupo *The New York Times*, tem procurado trabalhar em iniciativas que aproximem suas redações de seus leitores. Na BBC, muitos textos publicados por jornalistas profissionais já trazem **links** para que leitores que estiverem próximos ao fato noticiado possam publicar suas colaborações sobre o assunto. O material é apresentado como uma extensão da matéria elaborada pelo repórter. No *Times*, foi criada a função de editor de público para que um jornalista troque ideias com seus leitores via correio eletrônico e, a partir desse diálogo, passe a alimentar a redação com sugestões de pautas e notícias.

A ebulição de tantas experiências torna difícil e arriscado especular sobre o futuro da indústria da mídia nos próximos 20 ou 30 anos. Recentemente, o próprio editor do *The New York Times*, Arthur Sulzberger, chegou a questionar a viabilidade econômica de se manter a circulação impressa do maior jornal dos EUA por volta de 2012. Fenômenos de comunidades virtuais, como o **Second Life**, também jogam mais dúvidas sobre os tradicionais modelos de comunicação. Sem perder tempo, a tradicional agência de notícias Reuters tratou de instalar sua sede dentro do mundo eletrônico. Não há dúvidas de que, em breve, os maiores jornais do mundo também buscarão espaço dentro das fronteiras cibernéticas, uma iniciativa inspirada bem mais na percepção de que não se pode ficar de fora do que na condição de quem sabe exatamente o que está fazendo.

Ante as incertezas, o certo é que em um breve futuro a realidade da mídia estará radicalmente diferente dos moldes atuais. Dentre os questionamentos decorrentes do crescente fenômeno tecnológico e da gratuidade das informações eletrônicas, brotam temas complexos como o respeito à propriedade intelectual, assunto que tem exaltado os ânimos entre grandes grupos de comunicação e gigantes do mundo digital, como o Google, que simplesmente reproduz, sem qualquer custo, materiais elaborados por jornais de qualquer canto do globo.

O debate já chegou a tal ponto de fazer com que Martin Sorrell, diretor da World Propaganda Power (WPP), um dos maiores grupos do setor em todo o mundo, propusesse a extinção total do acesso gratuito a notícias na rede. Inconformado, Sorrell procurou o Conselho Europeu de Publishers para fazer coro contra aquilo que, na prática, já foi completamente incorporado por leitores on-line em todo o mundo. Sua proposta chega a soar infantil. Está mais do que claro que, da mesma forma que milhões de pessoas estão dispostas a pagar para receber informações, outras tantas não estão. Ademais, já não são poucos os jornais on-line que sobrevivem muito bem com seus conteúdos totalmente abertos, ou por meio de um modelo híbrido. A solução, obviamente, não é essa.

Entidades como a Associação Mundial de Jornais já formaram grupos especializados em novas mídias na tentativa de encontrar uma alternativa para uma realidade que ganhou ainda mais força com a pulverização dos mecanismos de buscas. Não por acaso, a agência de notícias France Press (AFP) decidiu ir à justiça para exigir que o Google pagasse pelos direitos autorais relacionados à publicação de suas fotos, oferecidas gratuitamente pela internet. O mesmo caminho tem sido tomado pelos principais grupos de mídia e entretenimento.

Esse embate jurídico é apenas um dos sintomas já observados na atual realidade com que se deparam os veículos de comunicação, forçados a lidar com informações construídas de maneira cada vez mais descentralizada e autônoma. Não é apenas na seara dos jornais diários ou das agências de notícias que se discutem os limites da "nova ordem digital". Ainda em 2004, o próprio Google agitou o mercado de livros ao oferecer uma ferramenta capaz de indexar obras literárias e publicá-las livremente na internet. Se por um lado não faltaram críticas à iniciativa, por outro também não faltaram parceiros de peso, entre estes a Biblioteca Pública de Nova York e as bibliotecas das Universidades de Harvard, Michigan, Oxford e Stanford, todas dispostas a digitalizar seus acervos. Para obras de domínio público, a consulta de resultados é livre. Para livros protegidos por direitos autorais, são exibidas apenas duas linhas de texto.

A histeria em torno do fenômeno Google atingiu tal proporção que dois jornalistas norte-americanos (Matt Thompson, do *Star Tribune* de Minneapolis, e Robin Sloan, da emissora de TV por satélite Current) chegaram a sugerir, no curta-metragem *Epic 2015*, um mundo alimentado pelo império Google de informações. Por meio do Epic (Evolving Personalized Information Construct), cada pessoa passaria a contar com um sistema próprio de categorização para filtrar e divulgar informações. Pessoas de todo o mundo poderiam contribuir com novas notícias, pagas com pequena fatia da receita de publicidade do site, conforme a audiência de suas contribuições. O roteiro hollywoodiano, como se nota, não deixa de ter suas pitadas de coerência.

As dimensões desse novo ambiente midiático ainda são nebulosas, mas as consequências de seu crescimento já começam a ganhar nitidez. Ironicamente, o acesso cada vez mais fácil à informação não significa, necessariamente, mais conhecimento. O estudo "O estado da imprensa em 2006" foi preciso ao mostrar que, embora o número de canais online e o volume de informações tenham crescido assustadoramente nos últimos anos, populações de países como os Estados Unidos estão cada vez menos informadas. Isso porque, segundo o relatório, os meios eletrônico e impresso tendem a fazer uma cobertura limitada a poucos assuntos, devido à onerosa estrutura necessária para ampliar esse alcance. A situação acaba gerando o que o diretor do Projeto pela Excelência do Jornalismo (Project for Excellence in Journalism), Tom Rosenstiel, já classificou de "ilusão da informação".

É neste momento que os blogs, mais uma vez, podem se tornar ainda mais atraentes, oferecendo maior diversidade e combatendo uma suposta pasteurização da cobertura jornalística. Mídias tradicionais do Brasil e de todo o mundo já perceberam isso e, alheios a discussões catastróficas ou decisões radicais, começam a utilizar o blogjornalismo como uma extensão do trabalho que já fazem, seja no meio impresso, na televisão, rádio, ou na própria internet.

A visão de que ficaria para os jornais impressos a função de divulgar o "aprofundamento das notícias", enquanto a internet estaria mais atrelada ao efêmero, já não faz o menor sentido. Na realidade, até hoje não se criou nada mais dinâmico e estruturado como o meio digital para lidar com o acesso ilimitado a conteúdos relacionados. Está na internet a notícia dada minuto a minuto. E por trás dela, toda e qualquer informação sobre o tema que o usuário queira buscar.

Como bem resumiu o diretor da revista *Télérama*, do grupo Le Monde, Bruno Patino, em seu livro *Une presse sans Gutenberg*, a internet não é um suporte a mais, mas sim o fim do jornalismo como é feito até hoje. Para quem começou a encarar essa realidade, os blogs e a rede mundial de computadores têm tratado, sim, de estreitar o relacionamento entre jornais e seus leitores, ao invés de distanciá-los. Seja no papel, na internet, ou em ambos, o fato é que essa relação prossegue, mesmo com as incertezas de como se desenrolará. O mesmo não se pode atribuir àqueles que ainda resistem em lidar com a realidade. O futuro, nesse caso, já não se mostra tão incerto assim. E sem dúvida: lá estarão milhares de blogs para dar a notícia.

REFERÊNCIA BIBLIOGRÁFICA

PATINO, Bruno; FOGEL, Jean-François. *Une presse sans Gutenberg*. Paris: Grasset & Fasquelle, 2005.

SITES

CROSBIE, Vin. Digital Deliverance, http://www.digitaldeliverance.com

CYBERJOURNALIST.NET. http://www.cyberjournalist.net

IDG NOW! http://www.idgnow.com.br

NEWS-PRESS. http://www.news-press.com

OBSERVATÓRIO DA IMPRENSA. http://observatorio.ultimosegundo.ig.com.br

OHMYNEWS. http://english.ohmynews.com

PEW/INTERNET & AMERICAN LIFE PROJECT. http://www.pewinternet.org

REYNOLDS, Glenn. InstaPundit, http://www.instapundit.com

ROSENSTIEL, Tom. Project for Excellence in Journalism, http://www.journalism.org

STATE OF NEWS MEDIA 2006. Escola de Jornalismo da Universidade de Colúmbia (EUA), http://www.stateofthenewsmedia.org/2006/index.asp

WINER, Dave. Scripting News, http://www.scripting.com

WORLD ASSOCIATION OF NEWSPAPERS. http://www.wan-press.org

WORLD PROPAGANDA POWER. http://www.wpp.com

COM VOCÊ, A IMPRENSA MÓVEL

O lançamento do ***iPhone***, comunicador multimídia portátil, que integra funções de telefone celular e computador de mão, foi anunciado no início de 2007 pela fabricante americana Apple. O anúncio causou frisson no mercado, por causa das inúmeras possibilidades de navegação e conectividade que o aparelho oferece. De fato, com o novo aparelho, totalmente convergente, Steve Jobs, fundador e principal executivo da Apple, mostrou ao mundo que, finalmente, o computador pode ser portátil e naturalmente integrado ao telefone celular. A internet, enfim, pode ser móvel.

Mas o conceito do iPhone, apresentado por Jobs, já é perseguido há anos pelas indústrias de informática e telecomunicações, principalmente pelos fabricantes de aparelhos celulares e operadoras de telefonia móvel. Tanto é que desde o início da telefonia celular digital, nos anos 1990, a indústria proclama um suposto advento da "internet móvel", com recursos simples de conexão e transmissão de dados através de telefones celulares, que suportam serviços de mensagens curtas (SMS, sigla em inglês) e navegação baseada em protocolos como o WAP (Wireless Application Protocol).

Desde que a indústria iniciou esse movimento em torno dessa incipiente "internet móvel", as empresas de mídia e o jornalismo em todo o mundo não ficaram de fora da tendência e, desde o final da década de 1990, têm encontrado no telefone celular um novo meio para difusão de seus conteúdos. Através dele, já é possível exercitar o conceito de difusão de conteúdo e navegação com dispositivos móveis.

Afinal, em todo o mundo, diversos grupos publicam seus conteúdos nos celulares dos usuários de telefonia móvel através de tecnologias de transmissão de dados (como, por exemplo, os famosos WAP, SMS, MMS etc.) e, com isso, gradativamente, abrem um novo mercado para venda de conteúdo editorial, aproveitando a alta penetração desses aparelhos no mercado consumidor para criar uma nova "imprensa móvel".

Continentes como Europa e Ásia têm índices altíssimos de aparelhos celulares *per capita*: em alguns países, como Finlândia e Japão, esse índice supera um celular por pessoa. Até países da África e do Oriente Médio estão sendo subitamente alçados para o século XXI com a introdução da telefonia digital móvel.

E o Brasil, por sinal, se destaca no universo da telefonia celular. Desde o lançamento do primeiro celular analógico, que começou a funcionar no país em 1990, o telefone celular passou de um artigo de luxo para um bem de consumo popular, presente em todas as camadas da sociedade.

O ano de virada foi 1998, quando o sistema Telebrás foi privatizado e as operadoras de telefonia móvel digital entraram para valer no mercado. Essas novas operadoras passaram a oferecer sistemas digitais como as redes TDMA, CDMA, e um pouco mais tarde o GSM, que permitiam maior cobertura, melhor qualidade na comunicação por voz que as redes analógicas. Ainda por cima, adicionaram às telas dos aparelhos digitais a capacidade de transmissão de dados, como as mensagens curtas (os famosos SMS) e protocolos de conexão sem fio (como o WAP).

Essa intensificação comercial e tecnológica gerou um novo frenesi no mercado digital. Em 2000, quando a venda de celulares já ganhava um ritmo acelerado no Brasil, as operadoras aproveitaram esse momento positivo do setor e lançaram o WAP como "a" internet móvel. Mas, é claro, o WAP – um sistema lento, monocromático e tarifado por minuto de navegação – estava longe de ser "a" internet móvel. Só que as operadoras fizeram muito barulho, um supermarketing em torno dessa suposta "internet móvel", o que gerou uma pequena e momentânea bolha.

Portanto, em meados do ano 2000, empresas como Folha de S.Paulo, O Estado de S. Paulo, iG, Abril, entre outros grupos, já tinham embarcado nessa nova bolha que foi o WAP. Mesmo com aquela frustração inicial entre os usuários, devido ao baixo desempenho dessa "internet móvel", ficou claro para os executivos destes grupos que o celular se tornaria um meio para difusão de conteúdo editorial.

Assim, juntamente com as operadoras, os grupos de mídia continuaram investindo no celular como um novo canal para venda de conteúdo editorial, inclusive notícias. A partir navegação via WAP, os serviços de SMS – que são conceitualmente mais simples e mais baratos que o WAP – também passaram a ser explorados para a difusão de conteúdo.

Além do WAP e do SMS, surgiam outras tecnologias com a mesma finalidade, como o serviço de mensagens multimídia (o MMS, uma evolução do SMS); plataformas para downloads de vídeos e *games*; o WAP **Push**, uma "espécie" de SMS com um **link** para navegação em WAP; e o WAP 2.0, uma versão colorida do WAP, com interface mais amigável, cobrado por kilobytes trafegados – e não por minutos de navegação –, modelo em que a tarifação pela utilização do serviço favorece sensivelmente o bolso do usuário.

Diante dessas novas possibilidades, a difusão de notícias sempre foi um filão explorado por grupos que vendem conteúdo através do celular. Desde o início da "internet móvel" no Brasil, as empresas publicam nos portais das operadoras seus cardápios de notícias à disposição dos assinantes de telefonia móvel. É a partir dessas experiências que vamos tentar entender a dinâmica do mercado de "jornalismo digital móvel" no país, sem perder de vista o cenário internacional, no qual muitas iniciativas do gênero já se consolidaram.

MUNDO AFORA

Esse fervilhar da telefonia móvel acontece no mundo todo. Em outros países a telefonia celular já se desenvolvia há mais tempo que no Brasil e, inclusive, de forma mais gradual e sustentável.

Estudiosos como o escritor Howard Rheingold, autor do livro *Smart Mobs*, e Adriana Souza e Silva, pesquisadora brasileira que defendeu uma tese de doutorado sobre interfaces móveis, identificaram profundas transformações que os celulares causam na cultura de diferentes países.

Na Finlândia, por exemplo, onde a concentração de celulares *per capita* é uma das maiores do mundo, as pessoas fazem do celular uma extensão de si mesmas, remetendo-nos aos conceitos de McLuhan de uma forma muito emblemática: o aparelho celular é conhecido como "*känny*", nome derivado da palavra "mão".

Lá o jornalismo no celular é levado a sério. Pesquisadores da Universidade de Tampera fizeram um levantamento e perceberam que serviços que oferecem notícias pelo celular são os mais acessados pelos usuários locais. Por exemplo, o hóquei é um esporte muito popular no país, então os serviços de alertas sobre jogos da liga nacional são comuns entre os torcedores. Como o jornalista esportivo Risto Parkarinen observa, na Finlândia "alertas de SMS, dando as últimas estatísticas, placares, toques musicais ou imagens são lugares-comuns".

Outros países europeus também têm bons casos: na Suécia, existe um jornal que distribui gratuitamente a versão impressa, mas capitaliza na venda de notícias por SMS. Na Áustria, uma operadora local, durante a Eurocopa de 2004, lançou um menu em seus celulares que direcionava os usuários diretamente para a sessão de notícias sobre futebol, obtendo bons índices de audiência. Até mesmo o MINDS, um consórcio para produção de notícias para celular, foi fundado por agências de notícias de países como Alemanha, Áustria, Holanda, Hungria e Suíça, com objetivo de estimular e desenvolver esse novo mercado.

Já no Japão, Rheingold, Adriana e outros pesquisadores observaram que a NTT DoCoMo, a maior operadora daquele país, lançou em 1999 o **i-Mode**, um sistema de navegação que é, até hoje, o maior sucesso de internet por celular. Os executivos da DoCoMo, com intuito de desenvolver um sistema realmente usável, contrataram Takeshi Natsuno, jovem administrador com experiência no mercado de internet, e Mari Matsunaga, uma jornalista renomada na área de revistas impressa.

Deu certo: desde seu lançamento, o sistema privilegiava o usuário. Fácil de usar, interface bem feita (fotos, textos, boa diagramação), modelo de cobrança por pacote de dados (o pacote básico de uso não custava mais de três dólares por mês) e com aplicações bem triviais: e-mails, *games*, *ringtones* e leitura de notícias.

Em parceria com grandes veículos de comunicação, o i-Mode virou moda entre os japoneses e já nos primeiros seis meses conquistou 1,5 milhão de assinantes. Jornais populares como Yomiuri Shimbum e Asahi Shimbum utilizavam com sucesso o celular como um meio de difusão de suas notícias. Até mesmo a revista Placar, da Editora Abril, aproveitou o celular como um meio para distribuir informações sobre futebol entre os brasileiros que moram no Japão.

O caso do Asahi Shimbum, então, é paradigmático, pois a empresa usou o celular como um meio para atrair o público jovem. Com forte ação de *cross media*, o jornal anunciou seus serviços por celular nos jornais, rádios e TV do grupo. Com a divulgação, o Asahi conseguiu atrair mais de um milhão de assinantes para sua versão no celular e gerar mais de um bilhão de yenes por ano (cerca de nove milhões de dólares) com essa operação.

Fora da Europa e da Ásia, temos nossa vizinha Argentina, onde os principais jornais e TVs já se posicionam no mercado de conteúdo por celular. Os Estados Unidos já têm experiências significativas de produção de notícias para celulares, como a CNN Mobile, presente em mais de vinte países. Durante a Guerra do Iraque em 2003, diga-se de passagem, até a Al Jazeera, emissora de TV do Qatar, entrou no mercado de notícias por celular.

Enfim, poderíamos enumerar muitos mais casos de sucesso em torno do mundo. Mas o que é importante frisar é que as experiências citadas reforçam a tese da pesquisadora inglesa Cecília Campbell, que enxerga o celular como uma oportunidade real para os veículos gerarem receita com esse novo meio de comunicação de massa.

Em seu artigo "A new mass market at our feet", Cecília analisa diversos casos em torno do mundo e faz uma pergunta relevante: qual é o modelo de negócio adotado por este mercado? Segundo a pesquisadora, a maioria dos veículos internacionais utiliza o modelo de "**revenue share**", ou ainda, "divisão de receita" para a comercialização dos conteúdos. Esse modelo prevê que a receita obtida com a venda de conteúdo seja repartida entre o produtor de conteúdo, a operadora e o "agregador de conteúdo" – uma empresa de tecnologia que adapta o conteúdo produzido à linguagem das plataformas tecnológicas.

A operadora NTT DoCoMo, para ficarmos no exemplo mais maduro, cobra uma comissão de 8% da assinatura do i-Mode, enquanto o produtor e o agregador ficam com 92% da receita gerada. Esse modelo de divisão de receita vale também para cada SMS enviado, mensagens multimídia, download de vídeos, e já tem se estabelecido como modelo predominante na maioria das operadoras do mundo.

Mas não é apenas o modelo de negócio que determina o sucesso desse mercado. Ricardo Braginski, jornalista e pesquisador argentino, colaborador do projeto "Periodistas Online", chama a atenção para os desafios editoriais do telefone celular como o quinto suporte de mídia (os outros quatro são rádio, TV, impressos e internet).

O pesquisador analisa, por exemplo, que os produtores de conteúdo podem publicar suas notícias em tempo real, sobretudo alertas de última hora, pois o celular pode ser carregado pelo seu dono e, com isso, a informação pode acompanhá-lo permanentemente – ou seja, a portabilidade é um diferencial do meio.

Braginski também acrescenta que os telefones já podem transmitir fotos, vídeos e áudios, o que valoriza o suporte para a difusão de notícias em tempo real. Por fim, ele observa o potencial de **personalização** do celular, onde o usuário deve escolher notícias de seu interesse, o que, inclusive, requer responsabilidade do produtor de conteúdo para evitar excessos e desrespeitos à privacidade do seu assinante.

Em suma, o celular já é considerado por muitos estudiosos uma ferramenta de grande valor para o jornalismo, com desafios significativos, tanto no ponto de vista comercial quanto editorial. Cabe aos envolvidos nesse mercado buscar um consenso para a consolidação do celular como mais um meio de comunicação para atingir usuários de todas as partes do mundo, inclusive no Brasil.

ENQUANTO ISSO, NO BRASIL

O Brasil tem uma forte indústria de telefonia móvel. Em 2005, o país detinha oito operadoras de telefonia celular, três padrões dominantes (GSM, CDMA e TDMA), diversos fabricantes de dispositivos e mais de 85 milhões de usuários de telefonia móvel, fatores que nos colocam como o quinto país no mundo com maior número de telefones celulares.

E, como vimos anteriormente, foi no ano 2000 que surgiu comercialmente o conceito da "internet móvel" no Brasil, com o lançamento do WAP, o que gerou frustrações, mas também gerou novas oportunidades para grupos de comunicação.

Oportunidades que levaram o grupo Folha, no dia 21 de março de 2000, a lançar o primeiro site WAP no Brasil, com as informações da *Folha Online*. Pouco tempo depois, a Compera lançou o portal "Internet Na Mão", o primeiro serviço de notícias por SMS no Brasil, que podia ser assinado via **web** por usuários de algumas operadoras que atuavam no país.

O ano 2000 foi o ano da pequena bolha da internet móvel. Assim, depois do "Folha WAP" e do portal "Internet na Mão", houve uma sucessão de lançamentos de serviços de notícias pelo celular, de grupos como O Estado de S. Paulo, Editora Abril, iG, Yahoo!, entre outros.

Como bem analisou Fernando Villela (o Fervil), jornalista que foi um dos pioneiros no mercado de internet móvel, essa sucessão de lançamentos não deixou de ser um reflexo, em menor proporção, da bolha da internet, que estava prestes a estourar. A chegada da "internet móvel" no Brasil marcou uma nova correria dos grupos editoriais – que mal tinham estabilizado suas operações na **World Wide Web** – para lançarem seus sites em WAP. Essa correria também gerou uma frustração inicial no mercado e nos usuários, devido às indefinições dos modelos comerciais e até mesmo do mau funcionamento desses serviços.

Mas é interessante notar que mesmo com a frustração inicial que o WAP gerou nos usuários, as empresas persistiram com suas ofertas de conteúdo para celular, por enxergarem o dispositivo como um meio para reforço institucional da marca dos grupos de mídia e, em um segundo momento, possibilidade de geração de novas receitas.

Ou seja, respeitadas as questões de privacidade dos usuários e se não houver o uso indiscriminado de envio de mensagens (spams), o celular pode ser um meio muito eficiente de reforço institucional, de reforço da marca dos grupos de mídia junto a seus assinantes. Um bom exemplo é a Editora Trip, que tem produtos direcionados para o público jovem, como a revista *Trip*, programa de rádio e até um modelo de automóvel.

Em 2001, a editora fundou a "Trip Sem Fio", a partir de uma oportunidade aberta pela Telemig Celular, que queria oferecer seu conteúdo ao público jovem de Minas Gerais. Sempre com a preocupação de manter a linha editorial da revista *Trip*, a editora disponibilizou canais de notícias via SMS abordando diversos temas, como aventuras, esportes, moda, cultura, além de canais com roteiros de festas das principais cidades de Minas Gerais.

Com média de vinte mil envios de SMS por mês – chegando a picos de cinquenta mil –, mais do que a preocupação com a receita, a *Trip* aproveitava a entrada no celular para estimular outras formas de integração com seu público, com festas e promoções para fortalecer tanto a marca da operadora quanto da revista junto aos jovens mineiros.

A Editora Abril também enxergou o reforço institucional como uma boa motivação para iniciar suas operações no celular. Seguindo o mote "a Abril faz parte da sua vida", a editora lançou a "Abril Sem Fio", pois o celular é um meio portátil, que atinge o bolso e a intimidade do usuário.

Mas a Abril também enxergava claramente uma segunda motivação: oportunidade de geração de receita. Diferente da bolha da internet, os investimentos na telefonia móvel foram feitos com mais cautela. Assim, era possível prever um crescimento sustentável da divisão de mobilidade da editora e fazer do celular um meio para gerar novas fontes de receita.

Além disso, com as experiências que a Abril mantinha no Japão, levando a revista *Placar* para os celulares daquele país (e posteriormente a revista *Contigo*), ficava claro que em alguns anos o mercado de conteúdo para celular no Brasil, assim como no Japão, seria um setor relevante para os grupos de mídia.

MODELO DE NEGÓCIO

Mas como o celular pode ser um canal adicional de receita para os grupos de comunicação? Primeiramente, é preciso partir do princípio de que o celular, ao contrário da internet, é um meio tarifado, pois todas as requisições feitas em um celular são pagas pelos usuários. Pode ser uma notícia SMS por dez centavos de real a mensagem, ou um download de vídeo por um real, a cada gol da rodada. O que importa é que a venda desse conteúdo será tarifada ao consumidor.

Para quem vai esse dinheiro? Em 2007, o modelo de divisão de receita tem se estabelecido como padrão no Brasil. Como vimos anteriormente, esse modelo é predominante em outros países: a receita arrecadada com a venda de conteúdo é dividida entre operadora, agregador de conteúdo e veículo de comunicação.

Um exemplo prático no Brasil: a Agência Estado vende notícias por SMS na operadora Brasil Telecom. Quem "agrega o conteúdo", ou seja, a empresa de tecnologia que publica o conteúdo da Agência Estado na operadora é a SupportComm, que é especialista em agregar conteúdo de parceiros para publicar nas operadoras em que ela tem conexão. Assim, a cada SMS vendido, a receita arrecadada é dividida entre a operadora, a agregadora de conteúdo e o produtor da notícia.

No entanto, essa cadeia de valor ainda precisa de ajustes. *Grosso modo*, do montante arrecadado, 50% da receita vai para a operadora, 25% vai para o agregador e 25% para os veículos (afora os impostos já descontados). Diversos executivos entrevistados alertam que esse modelo ainda é frágil, sendo necessária uma revisão dessas porcentagens para que a operadora abocanhe uma fatia menor da receita, fortalecendo a remuneração dos demais elos.

Mas a situação já foi pior. Em 2000, algumas operadoras cobravam valores absurdos para os grupos de mídia publicarem seus conteúdos nos portais. Salvo raros casos de licenciamento de conteúdo (quando uma operadora o adquiria de um grupo de comunicação), em geral as operadoras cobravam até R$ 500 mil para colocar o conteúdo produzido por um determinado veículo em uma posição de destaque em seus portais WAP.

Esse tipo de postura fez com que provedores de conteúdo como iG, Folha de S.Paulo, Terra, Editora Abril, entre outros, formassem um comitê para pressionar as operadoras em busca de uma revisão dos parâmetros. Então, na primeira rodada de negociação entre esse comitê e a operadora Telesp Celular (que na época liderava o mercado de conteúdo móvel) ficou decidido que a operadora não cobraria nenhum valor dos provedores e nem os provedores cobrariam da operadora pelo conteúdo vendido.

Segundo Fervil, que participou dessas reuniões, com o passar de alguns meses, o "motim" dos grupos de comunicação voltou à tona. Era justo que eles recebessem pelo conteúdo acessado, uma vez que a operadora utilizava o conteúdo desses provedores para atrair seus usuários e gerar receita com acessos ao seu portal WAP.

Em um primeiro momento, a operadora sugeriu que os produtores fechassem seu conteúdo e cobrassem assinatura diretamente do usuário. Foi um desastre. Assim como na internet, se você fecha um conteúdo apenas para assinantes, o acesso despenca. E aconteceu isso no celular, o que impactou nos números de usuários que navegavam em WAP e, por consequência, na receita das operadoras. Então ficou definido um sistema de premiação: quanto mais *page-views*, maior participação do provedor de conteúdo na receita.

Esse modelo de premiação não era exatamente o que eles buscavam, mas após rodadas de negociações os grupos já estavam obtendo alguma receita com a venda de conteúdo móvel. Ao longo da primeira década do século XXI, o segmento tem amadurecido e o modelo de negócio baseado em divisão de receita tem se firmado como um modelo viável para os envolvidos.

É claro que ainda são necessários ajustes. Mas o histórico dessa discussão toda mostra que os produtores de conteúdo estão ganhando força no mercado e a tendência é que haja uma padronização nos termos dos contratos que – a exemplo do mercado japonês e europeu – permita uma distribuição mais adequada entre os elos dessa cadeia de valor da receita obtida com as vendas de conteúdos.

FORMATOS DE CONTEÚDO

A cadeia de valor desse mercado tem lentamente se estruturado. Por isso, é importante que estudantes e profissionais de comunicação interessados em atuar na área entendam como se estabelece o modelo de negócio do segmento.

Mas é igualmente importante conhecer como são produzidos esses conteúdos. Por exemplo, no contato com os atores desse mercado, descobri dois modelos predominantes de "redações móveis" para produção de conteúdo móvel: a primeira consiste na abertura de uma unidade específica para cuidar de todo o processo comercial e editorial de publicação de conteúdo no celular; a segunda é o investimento em desenvolvimento de softwares para publicação automática do conteúdo de outros meios também no celular.

No primeiro caso, as empresas de comunicação contratam executivos responsáveis pela área de negócios, jornalistas que são editores de conteúdo e técnicos que desenvolvem sistemas de publicação para diferentes protocolos (MMS, WAP, SMS etc.). É o caso da "Abril Sem Fio", que cuida da publicação em celulares de versões de revistas da editora, tais como *Veja*, *Placar*, *Exame*, *Contigo*, *VIP*, *Capricho*, entre outros títulos.

Nessa área de negócios da Abril, trabalham executivos que cuidam de questões comerciais, direitos autorais, desenvolvimento de novos mercados e cronograma de evoluções tecnológicas. Na divisão trabalham também repórteres, designers e técnicos, que editam o conteúdo produzido pela editora e o publicam através de sistemas integrados às plataformas de agregadores de conteúdo e conectados às operadoras.

O iG também adota uma estratégia semelhante: o Selig é a área de negócio destinada a reunir, definir linha editorial e publicar o conteúdo do portal no celular, através de equipe própria ou de parceiros, bem como abrir novas frentes de negócios, tecnologias e parcerias com operadoras no Brasil e em outros países.

Para o segundo caso, temos exemplo de grandes veículos, como *Folha de S.Paulo* e *O Estado de S. Paulo*, que não têm uma estrutura dedicada para produzir conteúdo móvel. Eles utilizam robôs que publicam no celular o conteúdo disponível nos sites dos respectivos jornais.

Por exemplo, no caso do jornal *Folha de S.Paulo*, as notícias são publicadas por um robô que analisa quais são as notícias mais acessadas na *Folha Online* e então capta os dois primeiros parágrafos do texto para publicá-los da Folha WAP.

Já o jornal *O Estado de S. Paulo*, por meio da Agência Estado, alimenta o seu conteúdo móvel (SMS e WAP) através de um software de publicação automática chamada "Turbina". A partir da base de dados, todo o conteúdo é editado e enviado no formato adequado para diversos meios. No caso do SMS, por exemplo, são editadas notícias curtas, que são enviadas para os assinantes de boletins de SMS da Agência Estado.

Independentemente da forma como esses conteúdos são produzidos, todos os grupos têm uma característica em comum: salvo raras exceções, as informações são editadas para o celular a partir do conteúdo gerado para outros suportes do veículo (site, impressos, televisão etc.).

Tanto é que é possível elaborar um rápido paralelo entre as tecnologias de conteúdo móvel com a nomenclatura clássica dos elementos do jornalismo. O SMS, por exemplo, pode ser editado no formato de uma "manchete" ou de uma "linha-fina", com uma informação curta e objetiva, com até 160 caracteres. Exemplo: "São Paulo: a diretoria do São Paulo ainda não confirma, mas o atacante Lima, do Al-Ittihad, da Arábia Saudita, será o novo reforço para a temporada 2006". (Fonte: Notícia Agora, Claro, 16/2/2006, às 20h56)

No ambiente WAP podemos comparar uma notícia publicada ao *lead* de uma notícia impressa, com um ou dois parágrafos que resumem os fatos, de forma um pouco mais abrangente. Essa relação, inclusive, é utilizada pelos próprios provedores de conteúdo como a *Folha de S.Paulo*, que utilizou os dois primeiros parágrafos da notícia "Conversor do modelo japonês da TV digital é o mais caro, diz CPqD", publicada na *Folha Online*,[1] no dia 16 de fevereiro de 2006, às 19h11, para publicar a mesma notícia na Folha WAP. Exemplo:

Conversor do modelo japonês da TV digital é o mais caro, diz CPqD

> O modelo japonês da TV digital (ISDB), defendido pelas emissoras de televisão e pelo ministro das Comunicações, Hélio Costa, é o mais caro para o consumidor, segundo relatório do CPqD (Centro de Pesquisa e Desenvolvimento em Telecomunicações), publicado hoje pelo site Teletime, especializado em telecomunicações.
>
> O preço do conversor (aparelho que decodifica a transmissão digital para os televisores analógicos) é um dos elementos fundamentais na digitalização das transmissões da TV aberta brasileira.

Já com o WAP Push, o usuário recebe um alerta sobre uma notícia (como um SMS), com um link que, ao ser clicado, o leva diretamente para a notícia em WAP, com mais informações. Muitos especialistas apontam esse modelo híbrido como promissor nesse mercado, por ser pró-ativo no envio do alerta e ao mesmo tempo permitir navegação, caso o usuário queira se informar melhor.

O MMS, por ser uma evolução multimídia do SMS, tem capacidade para publicação de imagens de baixa resolução e textos curtos, pode ser comparado com as "fotos-legendas" como o serviço de mensagens multimídia do *Último Segundo*, oferecido pelo Selig em operadoras como Telemig Celular e Amazônia Celular.

Outros formatos, como i-Mode e WAP 2.0, podem ser considerados, em termos de interface e usabilidade, como uma versão reduzida da web, com links, textos e imagens, dando indícios de que as interfaces dos celulares multimídia vão se tornar cada vez mais amigáveis. Já vídeos para download devem ser curtos (de 30 segundos a 1 minuto), "leves" (de 100 a 200 kilobytes), e com uma edição focada estritamente no tema central, como por exemplo um gol de um time de futebol ou um "flash" sobre algum fato relevante.

UMA QUESTÃO DE EDIÇÃO

Com os exemplos das "redações móveis" anteriores, foi possível verificar que os conteúdos para celulares são derivados de outras mídias e editados para os diferentes formatos disponíveis, como SMS, WAP, MMS, entre outros.

Portanto, em primeiro lugar, é exigido do jornalista um olhar de editor. Antes de qualquer coisa, é preciso que o profissional tenha discernimento: que notícia é realmente importante, a ponto de um usuário consultar seu telefone celular? Mesmo para os públicos mais segmentados e específicos, existem certas informações mais importantes do que outras.

Exemplos: a morte de uma celebridade para serviços de fofocas geralmente é uma notícia mais importante do que a realização de uma determinada festa; o gol de um time no campeonato mundial de clubes pode ser uma notícia muito mais urgente do que a rotina de treinos do mesmo clube em um campeonato estadual; acidentes ou desastres urbanos, que impactam no trânsito de uma cidade, podem merecer, em determinados momentos, mais destaque do que qualquer outra notícia.

Em suma, é necessário um olhar aguçado, pois o serviço de notícias em celulares deve se tornar mais do que um acessório ou uma tentativa de crescimento de receita. Deve ser útil, valorizado pelos usuários.

Após esse critério, o jornalista que vai editar a notícia para o celular naturalmente já será familiarizado com a interface do sistema de publicação. Geralmente, em um ambiente web de acesso restrito, o jornalista visualiza as opções de inclusão de notícias em diferentes categorias e tecnologias.

Se ele tiver a opção de transformar uma notícia em um boletim SMS, o jornalista abre uma janela para a inclusão de uma frase, de até 160 caracteres, com objetivo de comunicar, de forma muito objetiva, uma notícia. Assim como no envio de um torpedo ou um pequeno e-mail, o profissional tem o desafio de ser compacto e completo ao mesmo tempo:

Desabamento nas construções da nova linha do metrô em SP complica o trânsito na marginal Pinheiros. Há suspeitas de vítimas.

Se o jornalista conseguisse uma foto da "cratera" causada pelo desabamento das construções da nova linha metrô de São Paulo em Pinheiros, ele poderia compor com a frase acima como uma foto-legenda. Bastaria fazer o *upload* da foto em questão, complementando com o texto acima e enviar para a base de assinantes um boletim de MMS com imagens e textos sobre a tragédia já no dia 12 de janeiro, data do acidente em questão que abalou moradores e estruturas da cidade de São Paulo, contabilizando sete mortes.

Em caso de serviços mais sofisticados, que permitem WAP Push, esse SMS ou MMS enviado poderia conter um link para um texto noticioso, no ambiente de navegação via WAP, em que o leitor poderia clicar e iniciar uma navegação para entender melhor o que aconteceu com uma cobertura mais completa – que, como já vimos anteriormente, seguem parâmetros semelhantes à cobertura de sites noticiosos da web.

Já é possível, inclusive, oferecer em um ambiente WAP 2.0 alguns serviços multimídia como vídeos ou podcasts com imagens e depoimentos disponíveis para download. Basta o jornalista ter um material em um formato compatível com o ambiente móvel, como o formato de vídeo 3GPP ou de áudio **MP3**, que são formatos "leves" e viáveis para "rodar" em telas de telefones celulares já disponíveis no mercado.

Em suma, dependendo da complexidade da ferramenta de publicação disponível na redação em questão – integrada com plataformas de serviços móveis baseadas em tecnologias SMS, MMS, WAP, WAP Push, entre outras – é possível editar desde um breve torpedo para ser enviado como alerta, até uma cobertura mais profunda que envolva foto, texto e vídeos, à disposição de diferentes tipos de leitores – do proprietário do mais simples celular ao dono do mais sofisticado Smart Phone. É uma questão de edição.

DESAFIOS DA IMPRENSA MÓVEL

Apesar dos mais de noventa milhões de usuários de telefonia móvel no Brasil e de o mercado de conteúdo por celular ser explorado no Brasil desde 2000, esse segmento é ainda muito pequeno, restrito apenas a assinantes com perfis mais sofisticados de uso, geralmente jovens e adolescentes, detentores de melhores condições econômicas e proprietários de terminais mais avançados. Apesar de estar em franco crescimento, ano após ano, o consumo de dados (WAP, SMS, MMS etc.) em 2007 não representa mais de 10% da receita das operadoras brasileiras.

O perfil médio do usuário brasileiro explica muita coisa: mais de 80% são usuários de telefones pré-pagos, ou seja, têm restrições orçamentárias para a utilização desse tipo de **serviço de valor agregado**. Em conversas com os executivos das empresas que geram conteúdo para celular, muitos deles observaram que assinantes brasileiros compram cartões com valores baixos, isso quando não passam meses sem recarregar seus créditos. Além disso, foi observado que os preços das notícias e o acesso WAP ainda têm valores inacessíveis para a maioria da população.

Mas enquanto a questão econômica for uma barreira, outra barreira também será difícil de ser superada: a cultural. Seja pelos altos preços dos conteúdos, pelo perfil do usuário brasileiro, ou até mesmo pelo baixo consumo de produtos culturais em geral (jornais, revistas, livros) no país, o fato é que poucas pessoas conhecem e utilizam esse tipo de serviço.

Mesmo dentro do universo de consumidores de conteúdo móvel, as notícias não são categorias *top hits*. Segundo dados do mercado, aplicativos de entretenimento e download (bate-papo, *games*, sexo) são mais acessados que as notícias. Se não houver um esforço consistente de *cross media*, ou seja, enquanto os grupos não divulgarem os serviços móveis através de outra mídia (internet, revista, televisão), dificilmente se popularizarão.[2]

A barreira cultural também diminuirá à medida que outra barreira for decrescendo: a barreira tecnológica. Apesar de avanços, a limitação tecnológica ainda é um problema que compromete o negócio, pois as conexões são lentas, falhas, ou seja, muitas vezes os serviços simplesmente não funcionam e a interface ainda é pouco amigável, seja pelo tamanho da tela ou pela navegação pouco intuitiva.

De qualquer forma, creio que apesar das dificuldades técnicas e da irritação que essas dificuldades causam nos usuários – como outros dispositivos já superaram problemas técnicos graves em seus primórdios (como rádio, TV e até mesmo a internet) –, penso que a barreira tecnológica deverá ser um obstáculo temporário também para o celular, caso sejam derrubadas as barreiras econômicas e culturais.

O objetivo deste capítulo foi apresentar para estudantes, pesquisadores e profissionais da área de comunicação social as possibilidades de publicação de conteúdo no celular. Certamente, como mostrado, o celular é um dispositivo que já tem se estabelecido como um suporte para publicação de conteúdo editorial, no Brasil e no mundo.

Apesar de o recorte ser focado na categoria de conteúdo, este capítulo serve para entender a cadeia de valor de conteúdo móvel como um todo: as práticas de negócios e de publicação de conteúdo descritas são adotadas para outros tipos de conteúdo, tais como *ringtones*, *wallpapers*, vídeos, *games*. Tanto é que muitos dos produtores citados neste capítulo fornecem outros tipos de conteúdos para celulares, além da notícia, para que a operação de conteúdo móvel tenha maior rentabilidade e relevância estratégica dentro de suas organizações.

Quanto aos desafios mencionados, é necessário que os produtores de conteúdo sejam mais pró-ativos e comecem a fazer *cross media* de verdade. Enquanto a convergência móvel prometida pelo iPhone de Steve Jobs não chega ao mercado brasileiro, os jornais impressos e revistas devem publicar em suas páginas na internet os caminhos para que seus leitores também assinem boletins SMS; os programas de televisão e rádio precisam utilizar o celular como um canal para envio de alertas e de interatividade com o espectador; os sites podem publicar, ao final de cada notícia, um link para o usuário receber boletins sobre aquele tema no celular, sempre valorizando a portabilidade desta mídia móvel.

Este é o caminho mais curto para o conteúdo móvel ganhar escala junto aos consumidores e os preços tornarem-se mais acessíveis, mesmo antes do advento de aparelhos como o iPhone. A partir do momento em que as pessoas passarem a enxergar valor no conteúdo, o hábito de consultar o celular será mais disseminado e esses serviços sofrerão constantes melhorias técnicas e de usabilidade, consolidando a provável convergência entre os celulares e a TV digital.

Em suma, um novo mercado já se abriu para os grupos de mídia, mas muita coisa ainda deve ser feita para este segmento realmente se consolidar no Brasil. Como observou a pesquisadora Cecília Campbell, esse é um mercado de massa sob os pés dos grupos de comunicação e cada veículo que tem uma marca forte e uma base consistente de assinantes deve aproveitar a oportunidade para inaugurar uma nova etapa de expansão de suas ofertas, utilizando mais um suporte da mídia digital, o telefone celular.

NOTAS

1 Link para a notícia: http://www1.folha.uol.com.br/folha/dinheiro/ult91u105324.shtml

2 Alguns veículos já têm feito *cross media* para promover seu conteúdo no celular, como é o caso do jornal *Lance!*, que divulga os canais de notícias por SMS sobre diferentes clubes de futebol nas páginas de sua versão impressa. Outro exemplo é o "Big Brother Brasil", *reality show* da Rede Globo, que promove o SMS com as votações para eliminação dos participantes durante o popular programa.

REFERÊNCIAS BIBLIOGRÁFICAS

BETTI, Leeroy. *The new news medium*. On the new world of communication magazine. Janeiro 2004, pp. 18-21.

BRAGINSKI, Ricardo. Celulares, los suportes del periodismo digital móvil. *Periodistas online*. Buenos Aires, junho-julho 2004. Disponível em: http://www.periodistaonline.com.ar/uvirtual/uvir06_072004.htm. Acesso em: 15 jul. 2004.

CAMPBELL, Cecilia. *A new mass market at our feet*: european newspapers and mobile. Newspaper techniques. Fevereiro 2004, pp. 46-52.

CIVITA, Roberto. Os próximos 50 anos. *Revista Abril*: os primeiros 50 anos. São Paulo: Abril, edição especial, 2000.

COSTA, Luciano Martins. *Vem aí a nuvem da imprensa móvel*. Observatório da imprensa. 2003. Disponível em: <http://observatorio.ultimosegundo.ig.com.br/artigos/sai260820031.htm> Acesso em: 1 abr. 2004.

DE SOUZA E SILVA, Adriana Araújo. *Interfaces móveis de comunicação e subjetividade contemporânea*: de ambientes de multiusuários como espaços (virtuais) a espaços (híbridos) como ambientes de multiusuários. Rio de Janeiro, 2004. Tese (Doutorado) – UFRJ/CFCH/ECO.

FERRARI, Pollyana. *Jornalismo digital*. São Paulo: Contexto, 2003.

MCLUHAN, Marshall. *Understanding media*: the extension of man. USA: McGraw-Hill, 1964.

ORKSMAN, Virpi. *Second generation mobile media and newspapers*. Finlândia: University of Tampera, 1998. Disponível em: <http://www.uta.fi/jourtutkimus/mobiili/tiivis.htm>. Acesso em: 7 jun. 2004.

PAKARINEN, Risto. *Staying in the game*. On the new world of communication magazine. Janeiro 2004, pp. 47-49.

REVISTA VEJA. Ligado na notícia. São Paulo: Abril, ano 37, n. 13, p. 115, 31 mar. 2004.

RHEINGOLD, Howard. *Smart Mobs*: The next social revolution. Cambridge: Perseus Books Group, 2003.

STANDAGE, Tom. *The Victorian Internet*. Berkley Book, 1998.

SITES

SELIG. www.selig.com.br.

TELECO. http://www.teleco.com.br.

DA RIGIDEZ DO TEXTO À FLUIDEZ DO HIPERTEXTO

Não é fácil perceber as coisas pelo meio,
e não de cima para baixo,
da esquerda para direita ou inversamente:
tentem e verão que tudo muda.
Gilles Deleuze e *Félix Guattari*

Este capítulo traz uma análise da articulação do hipertexto como uma linguagem híbrida capaz de se revigorar a partir da superação dicotômica dos interesses da tradição da oralidade e da escrita. Ambas criaram estruturas de imaginários sociais decisivos para sistematizar políticas disciplinares e de controle, em que as relações de classe, gênero e ética foram modeladas a partir de seus arquétipos, desde a tradição da oralidade com a impessoalidade narrativa, numa discursividade pública não autoral, no tempo mítico e místico da narrativa, na retórica, até o modelo da tradição da escrita com o ideal de autoridade, lógico e estrutural do texto. O hipertexto propicia um imaginário híbrido capaz de sustentar uma relação flexível entre os interesses sociais das tradições da oralidade e da escrita.

Para uma maior compreensão desse debate sobre a linguagem do hipertexto é necessário sistematizar uma reflexão histórica sobre a importância da escrita e oralidade como mediações simbólicas e sociais, sem perder a dimensão do caráter político e filosófico desse debate.

A unidade da escrita clássica, que buscou a homogeneidade durante séculos, sofreu um desvio de percurso com a pluralidade das escritas modernas e os novos discursos da pós-modernidade. Na modernidade, o movimento crescente era de afirmação das línguas nacionais e étnicas, como um mecanismo político de controle e dominação territorial. Essa aplicação política do uso da linguagem foi decisiva para formação dos Estados modernos europeus, em que a anexação territorial trouxe também a unificação da língua e, por conseguinte, do controle social necessário para consolidar o domínio econômico, político e cultural. A questão da linguagem assumiu tanto o papel de estabelecer o controle político, como também de reforçar o processo inverso de resistência política pelos grupos étnicos minoritários, em que vários momentos da história tinham somente o corpo cultural como espaço territorial de resistência.

Na globalização contemporânea, em que vários autores identificam como pós-modernidade, surge uma nova articulação de resistência em que expande a diversidade de manifestação cultural, política e linguística. Esse fato assume maior projeção quando percebemos que as comunidades virtuais conseguem se articular no espaço virtual. A própria dinâmica da desterritorialização imposta pela globalização, credenciou uma nova organização social no território virtual.

As comunidades linguísticas que tinham constrangimento ou controle social no Estado moderno perceberam que a www tornou-se um novo canal de mídia capaz de criar unidade global, em que os membros de qualquer unidade cultural ou linguística podem se organizar e agir nesse ambiente virtual como uma resistência organizada, independentemente da limitação territorial.

Diante dessa nova capacidade de comunicação global, vem a público a fala dos grupos sociais excluídos, que o projeto moderno almejava destruir com políticas de constrangimento e repressão cultural.

Na última década, as afirmações públicas e organizadas dos grupos étnicos minoritários fomentaram uma nova configuração de enunciados na comunicação global, em que intelectuais exigem e criam condições propícias para disseminar a cultura da diferença ou da diversidade.

Esse processo se expande, em particular com a produção discursiva da sociedade contemporânea, que enfrenta uma ruptura conceitual, em que envolve o questionamento filosófico sobre a tradição da cultura da escrita, ante as experiências de narrativas digitais criadas para gerar informação nos suportes tecnológicos de comunicação – desde a internet até o uso de celular como veículo de comunicação móvel.

Para ampliar esse debate, podemos fazer uma retrospectiva filosófica e política sobre a questão da tradição da escrita e da oralidade. Apesar de ambas serem linguagem, podemos constatar que os mecanismos políticos e cognitivos são organizados para realizar controles distintos, em que propicia a criação de mundos simbólicos bastante díspares, chegando até mesmo a serem excludentes.

Numa retrospectiva histórica, já na Grécia antiga temos um debate filosófico sobre as distinções entre a oralidade e a escrita, para determinar qual tem a melhor capacidade de ampliar a **memória**, prolongar a reflexão e sistematizar o pensamento. A escolha pelo predomínio cultural em torno da escrita, como documentação histórica, capaz de descrever, narrar e dissertar sobre a realidade, tem um forte apelo ao seu caráter instrumental. Na mesma perspectiva temos a tradição judaico-cristã, que também defendeu as escrituras sagradas como a perpetuação das palavras divinas, que perdurou com força de verdade até meados da Idade Média com a capacidade de gerar ações políticas decisivas para formação do Estado moderno Europeu. Em particular, os movimentos da Reforma que criaram a separação histórica do território, da cultura e dos valores políticos entre o cidadão e o Estado moderno.

Em defesa da oralidade, Platão buscou na forma dialógica de apresentar os debates filosóficos um método capaz de propiciar à alma a criação do conhecimento e a consciência. Nesse aspecto, no diálogo exige a participação do outro (com sua alma) no debate, que tinha a finalidade de percebê-lo com seus valores. De certa forma, Platão sedimentou uma perspectiva de ampliar a capacidade da retórica e de criar consistência discursiva através da *maiêutica*. Ao mesmo tempo introduziu a base metodológica para pensar em e fazer ciência na modernidade, pois no ato de buscar a verdade através da interpelação discursiva, com perguntas, fica implícito a dúvida imposta por Descartes, em que para definir um novo método filosófico da modernidade tinha que destituir qualquer certeza doutrinária sobre o mundo e questionar toda forma de conhecimento. O método de Descartes estabeleceu a necessidade de criar regras e procedimentos para auferir legitimidade do conhecimento.

O discurso oral exige uma mediação de interlocutores, em que terá de expor suas ideias diretamente no debate, com preferência em ambientes públicos, como premissa necessária para o diálogo. Além da condição pública do debate, temos ainda a exigência da teatralidade do corpo e o uso de linguagem comum para uma maior compreensão do diálogo. A tradição da oralidade permeia um ritual de transmissão do conhecimento, em que revela a força do diálogo, a necessidade de debate público, o domínio da retórica, sempre mediada pela ação social ou intersubjetiva, em que os corpos discursivos precisam ter relações para consolidar o diálogo.

Para Platão, a escrita não trazia alma, desejos e valores de seu interlocutor, pois seria a mediação de ideias sem movimento dialógico, tornando-se um modelo que rompe com o princípio de construir o conhecimento através da ação dialógica do debate entre almas discursivas. Ao mesmo tempo, ele denunciava a escrita por ser muda e falante demais; como não havia a mediação dos interlocutores no debate, sempre que pairasse uma dúvida sobre o enunciado redigido, quem seria o porta-voz da dúvida, dos detalhes pertinentes ao esclarecimento de qualquer debate?

Esse fato de precisar esclarecer o debate geraria a angústia para o leitor/receptor ante os enunciados. Daí a "necessidade" da escrita em garantir uma argumentação lógica no discurso e na organização das proposições. Essa proposta fundamentou a organização textual, com critérios capazes de definir regras gramaticais para linguagem posteriormente elaborados por Aristóteles.

Num enfrentamento à posição platônica, existe a formulação de Aristóteles, com a preocupação em garantir a autonomia do pensar para o adestramento do intelecto, as disputas casuais e as ciências filosóficas. Entretanto, isso só seria possível através de um tratado lógico, que propiciaria ao cidadão a capacidade de raciocinar sobre questões cotidianas e para enfrentar dilemas morais, estéticos, políticos, com argumentos capazes de dialogar com ideias que lhe causem embaraços.

Aristóteles cria a fundamentação da necessidade lógica da escrita, em particular de um gênero textual mais rigoroso que a liberdade da poética e do diálogo. Esse gênero tem o intuito de capacitar o cidadão livre grego a criar raciocínios hábeis para enfrentar qualquer aporia da vida. Dessa forma, o estímulo ao raciocínio aguçado propiciou uma autonomia maior do cidadão, pois as regras lógicas são universais para qualquer cidadão grego.

Tanto as ideias de Platão como as de Aristóteles se perpetuaram na contemporaneidade. Entretanto, os seus traços ideológicos e cognitivos também continuam atuantes, pois a cultura da oralidade demonstra uma sociabilidade em que as mediações sejam capazes de expor o jogo do simbólico, do poético, da presencialidade, do dialógico, de obras abertas, com autorias colaborativas, como contraponto à tradição da escrita, que traçou um perfil em torno da lógica, da ciência, do controle, do autor e da autoridade como obras fechadas.

Para Roland Barthes, em *O grau zero da escrita*, a escrita tem um caráter restritivo ante a linguagem oral, e esse estranhamento torna a escrita limitada como instrumento de comunicação, ao não possuir um caráter aberto que revelasse a intenção da linguagem. A escrita se expõe como simbólica, hermética, mediada e voltada ostensivamente para o lado de uma vertente secreta da linguagem.

O caráter ambíguo da escrita está nesse envolvimento de ser linguagem e ao mesmo tempo coerção, que em particular na escrita política surge como uma situação estanha à linguagem, num aspecto de dimensioná-la com uma carência de comunicação, pois a escrita política torna claro o discurso do poder, com intimidação e ostentação de glória da vitória. A escrita é uma linguagem endurecida, que precisa ter o domínio de linguagem pela unicidade e defesa de seus signos. Esse aspecto articula o perfil político da escrita como um agenciamento, que se mantém a partir do seu uso. O privilégio da escrita já expõe uma forma de organização social que transparece o valor cultural de instrumento de poder, pois o ato de escrever já delimita a opção pelo gênero e o discurso de redesenhar o mundo.

Jacques Rancière, em *Políticas da escrita*, busca compreender como se articula a supradeterminação do conceito de escrita ao pensamento e à prática social, entender como se relaciona os modos de fazer, ser e dizer no jogo de construção de sentido e valores sociais, com a distribuição, atribuições, finalidades e circulação de sentido. A escrita é essencialmente política, pois tem a capacidade de dividir as posições ideológicas, além do poder da palavra soberana, entre a ordem do discurso e a das práticas sociais. Essa separação de ordem revela uma divisão social entre o mundo do trabalho e da linguagem, que gera um estranhamento entre as práticas discursivas no cotidiano.

Outro aspecto dessa articulação do discurso na tradição da escrita é a triangulação entre obra, autor e leitor em circuito fechado e isolado.

Entretanto, a ideia de autoria do texto sofre um processo de releitura por diversas orientações teóricas, desde historiadores do livro e da leitura, antropólogos, sociólogos e linguista. A teoria da intertextualidade defende que tessitura de significações de um texto existe num desdobramento e na copresença de uma obra em outras. Nesse aspecto não temos o autor como o agente definidor de identidade de um livro, texto etc. Esse processo implica uma descentralização do sujeito escritor em diversas vozes e funções.

Outra característica dessa desarticulação do autor é a própria ideia de texto como produtividade, cuja circulação funciona de forma autônoma das páginas estáticas dos livros, pois para se imbricar numa rede de conexões e novas significações existe uma sinergia com as diversas mídias: cinema, programa televisivo, teatro, novela, peças publicitárias etc. Por fim, outro elemento decisivo nesse processo é a exigência das teorias da recepção, que inverte a lógica de centralidade no processo de significação, pois estabelece que o sentido de texto, obra, livro está na interação e apropriação realizada pelos leitores. O enunciado é reelaborado na forma de incorporação sugerida pelo leitor.

No mundo contemporâneo podemos identificar que a sucessão da oralidade, da escrita para as novas formas de percepção do hipertexto, é um modo indicador de gerenciar o conhecimento, que não ocorre por uma simples substituição de modelos culturais. A concepção hipertextual de conceber as narrativas a partir de nova complexificação desloca o centro de circulação da informação para redes de significações discursivas.

O hipertexto diante da comunicação escrita também denuncia a separação entre emissor e receptor, pois a impossibilidade de interação no contexto de construção de texto torna-se frágil à comunicação escrita. O hipertexto é um conjunto de nós de significações interligados por conexões entre palavras, páginas, fotografias, imagens, gráficos, sequências sonoras etc. Dessa forma, as narrativas digitais superam as limitações da tradição da oralidade e da escrita, pois não buscam sentido em isolar ou fragmentar o sentido do texto ou do discurso, mas, ao contrário, em ampliar a rede de significações.

Numa trajetória de pensar uma filosofia para o hipertexto, em que consiga refletir e sistematizar diretrizes de ação, a ideia de rizoma de Gilles Deleuze e Félix Guattari abrange a complexidade necessária para iniciarmos um diálogo sobre os horizontes reflexivos do hipertexto, pois ambos defendem que um livro, ou qualquer produto cultural, existe como objeto de articulação ou segmentaridade, como traço de fragmentos sociais, com territorialidades, em que podemos perceber os movimentos de rupturas e tensões que decorem também num processo de desterritorialização e desestratificação. Enfim, o livro, o texto, a escrita e qualquer objeto cultura constituem um agenciamento.

O agenciamento trabalha sobre a multiplicidade simultânea de fluxos semióticos, materiais e sociais. Para ampliar essa compreensão, devemos estender que a preocupação do agenciamento não está em hierarquizar ou fragmentar a realidade, a representação e o espaço de subjetividade. Quando Deleuze relata que um livro só existe apenas pelo fora e no fora ou escrever nada tem a ver com significar, mas agrimensar, cartografar, mesmo que sejam regiões ainda por vir, ele está configurando um pensar em que os objetos culturais, os textos, a escrita ou os discursos orais se articulam na relação de compor uma cena, um território, um prisma de identidade. Por exemplo, um livro feminista, como um relato textual de uma referência de mundo e de gênero, terá uma proibição de circulação em países de imaginários misóginos, e ao mesmo tempo poderá ser um *best-seller* em países democráticos em que o discurso feminista seja articulado.

Para compreendermos o hipertexto, um dos melhores arquétipos é a ideia de rizoma como um modelo de crescimento orgânico caótico, em que não precisa seguir hierarquia de informação, e é interceptado e ramificado pela contaminação em diversos meios, de forma que todos os extremos, meios e entradas funcionem como uma comunicação em rede. Raquel Wandelli, em *Leituras de hipertexto*, afirma que apesar de a metáfora do rizoma ser articulada para obras impressas como Kafka, Kleist, Whitman, Joyce e Nietzsche, pode ser compatível com o hipertexto eletrônico.

Numa leitura deleuzeana, uma obra rizomática possui princípios norteadores que envolvem a ideia de multiplicidade como diversidade, em que torna incapaz a possibilidade de reduzir a ideia de gênero ou estilo num objeto cultural, como uma unidade, pois as partes sobram em relação ao todo. Outra natureza da multiplicidade está na construção coletiva da subjetividade que extrapola a subjetividade do autor.

A heterogeneidade do objeto cultural, em que podemos envolver o hipertexto, apresenta-se numa diversidade de linguagens, em que os emaranhados de articulações e desconexões entre códigos linguísticos, com linguagens verbais e não verbais, sedimentam uma cadeia semiótica que envolve releituras dos objetos culturais e do mundo. Esse processo de releituras cria uma ruptura de assignificantes, em que é possível romper um texto em qualquer ponto e reconfigurar outros caminhos capazes de superar com o pressuposto lógico da linearidade do texto.

A ruptura com a lógica do texto, de seguir uma linearidade para ser compreendido, revela a autonomia das partes em relação ao todo, que o configura como uma percepção de interconectividade capaz de romper com o modelo de hierarquia, centralização, liderança etc. O abandono desse centro regulador ao texto fomenta a perspectiva de pensar modelos de auto-organização como organismos dinâmicos, que promovem suas ações baseadas em princípios emergentes ou sistêmicos.

Esse mapeamento da intervenção do leitor no texto cria uma nova concepção de cartografia capaz de estabelecer conjuntos de linhas como ponto ancoragem. A partir do percurso de cada leitor no processo de formação da leitura criam-se percepções que extrapolam o leque de significações, pois o próprio processo de leitura expõe a cartografia da leitura num texto.

Um outro perfil da concepção rizomática de Deleuze é o princípio da decalcomania, que tem como sustentação e ideia de que uma obra não é uma imagem que copia ou imita o mundo, mas um mapa de linhas que remetem a ele. A extensão desse princípio está em um outro princípio de autorreferencialidade, que constitui o livro como desterritorialização do mundo, em que o livro faz rizoma com o mundo. Enfim, um rizoma não começa nem conclui, ele permanece entre as coisas, como um *intermezzo*.

Por fim, ao pensar o caminho do hipertexto pode-se constatar que os dilemas do contemporâneo são decisivos, pois as referências de paradigmas estão em processo de metamorfoses, desde a ideia de diferença, como princípio norteador para dimensionarmos a sociabilidade, a destituição de referência de autoria, obras, funcionalidade dos objetos, significados unitários etc. Enfim, nesse percurso podemos eleger os dilemas filosóficos de Gilles Deleuze e Félix Guattari como um meio articulador de um pensar contemporâneo capaz de construir caminho para uma filosofia do hipertexto, que contribua para sedimentar uma poética do hipertexto.

Com um olhar contemporâneo, podemos estabelecer novos paradigmas capazes de criar uma sinergia maior desses gêneros da oralidade e da escrita, pois a diversidade proporcionou uma ruptura com identidades fortes e rigorosas, que tinha uma justificativa política na formação do Estado moderno. Em dias atuais, percebemos uma busca pela fronteira fluida que denuncia a opressão moderna da unidade simplista da gramática, da língua e dos valores sociais.

A linguagem do hipertexto cria uma apropriação histórica tanto da tradição da oralidade, mas também da escrita. Historicamente, porém, essas tradições legitimaram processos de dominação, controle e disciplina para manter a articulação política e social de seus modelos de sociabilidades. Entretanto, o hipertexto garantiu uma sinergia maior das variáveis da oralidade e da escrita, um processo híbrido capaz de sedimentar pressupostos teóricos da linguagem como processo social decisivo para criar qualquer reflexão que tenha como alicerce a complexidade do mundo global e contemporâneo.

O hipertexto fomenta a narrativa como algo capaz de expressar e articular a diferença como diversidade e multiplicidade; ou seja, a dinâmica da sociedade contemporânea não permite modelos tão excludentes que permeiam tanto na tradição da oralidade como também na escrita. A linguagem do hipertexto tornou-se o espaço discursivo capaz de elaborar diretrizes orientadoras para o processo da comunicação global ou contemporâneo. Essa linguagem articula tanto o mundo simbólico como a dinâmica complexa e plural do mundo contemporâneo.

REFERÊNCIAS BIBLIOGRÁFICAS

Barthes, R. *O grau zero da escrita*. São Paulo: Martins Fontes, 2004.

Chartier, R. *A aventura do livro, do leitor ao navegador*. São Paulo: Unesp, 1999.

Deleuze, G.; Guattari, F. *Mil platôs*. São Paulo: Editora 34, 2006, v.1.

Eisenstein, E. *A revolução da cultura impressa*. São Paulo: Ática 1998.

Higounet, C. *História concisa da escrita*. São Paulo: Parábola, 2003.

Lévy, P. *As tecnologias da inteligência*. São Paulo: Editora 34, 1998.

Rancière, J. *Políticas da escrita*. São Paulo: Editora 34, 1995.

Sampson, G. *Sistemas de escrita*. São Paulo: Ática, 1996.

Silveira, R. A. T. Memória e escrita no Fedro de Platão. *Cadernos de ata da Anpof*. São Paulo, 2001.

Wandelli, R. *Leituras do hipertexto*. Santa Catarina: UFSC, 2003.

A HIPERMÍDIA ENTRELAÇA A SOCIEDADE

Por ter plasticidade e ser elástico, o ciberespaço nos permite misturar, articular e incorporar formatos não textuais em textuais, imagéticos em sonoros e vice-versa – tudo em um fluxo de negociações intersemióticas. Sem falar que a **hipermídia** nos permite derrubar as fronteiras entre as profissões, já que hoje a área tem se tornado de fundamental importância na grade curricular das profissões, seja em um curso de Direito, Biologia ou Comunicação.

Comecei a perceber no dia a dia que a textura híbrida da hipermídia entrelaçou a sociedade pós-moderna em uma hierarquizada replicação rizomática de Deleuze, que foi capaz de prever a desterritorialização da escrita, saindo de um regime maquínico – com o livro e a imprensa como seus maiores expoentes – e torna-se um rizoma orgânico na **web**. Absorvermos regimes complexos como um caldo tecnocultural que ingerimos sem grandes reflexões.

Para conseguir mergulhar na ambiência da cibercultura e depois analisar as diversas formas de leitura e interpretação visual de websites, irei recorrer ao cinema e a alguns diretores, em especial, que souberam captar a angústia do ser pós-moderno, como Stanley Kubrick em *De olhos bem fechados* (1999), David Lynch em *A estrada perdida* (1997), Robert Altman com o emblemático *Short cuts* (1993), Paul Thomas Anderson com *Magnólia* (1999) e Quentin Tarantino com seu impagável *Pulp Fiction* (1994). A partir da década de 1990, vários cineastas optaram por roteiros não lineares, entrecortados e recheados de *flashbacks* capazes de prender o leitor do começo ao fim do filme. Um novo gênero que procura captar os encontros, desencontros, angústias, amores e solidão numa eterna negociação entre os personagens e a pós-metrópole. Gosto muito de dois filmes que têm a cidade de Los Angeles como elo entre eles: *Short cuts* e *Magnólia.*

Em ambos os filmes, a trama trabalha igualmente com coadjuvantes e **protagonistas**, já que o importante nesse caso é o cruzamento de histórias e situações. A articulação, ou melhor, a tensão da narrativa, não passa mais por semelhanças estéticas e sim por novas regras de convivência e assimilação da informação. O elo entre uma cena e outra acaba sendo construído na mente do telespectador. Quando, por exemplo, a garçonete Doreen (Lily Tomlin) atropela o garoto de oito anos, Casey (Zane Cassidy), e, mesmo sentindo-se impotente por não ter socorrido adequadamente o menino, continua sua vida medíocre, ela imediatamente se conecta ao âncora de TV Howard Finnigan (Bruce Davison), pai de Casey. Não pelo atropelamento em si, porque jamais se cruzarão na película, mas pela impotência diante dos fatos. Howard reencontra, depois de anos, o pai no hospital, Paul (Jack Lemmon) e não consegue articular mais do que três palavras com ele. Tanto Doreen como Howard são impotentes e conformados, típicos da cultura ocidental. Para o filósofo Vilém Flusser, que foi professor convidado da Escola Politécnica da USP, lecionando a disciplina de Filosofia da Ciência, e um dos fundadores do curso de Comunicação Social da FAAP, a cultura ocidental pode ser definida como uma grande conversação, ou seja, um estilo ocidental de lidar com as coisas, explicitando um sentido particular de mundo.

Magnólia, por exemplo, retrata a vida de 11 personagens durante um dia em San Fernando Valley, condado de Los Angeles. Frank T. J. Mackey (Tom Cruise) é um bem-sucedido guru de autoajuda que tem que visitar o pai, Earl Partridge (Jason Robards), que é paciente de câncer terminal. Ainda encontramos, como protagonistas, Claudia Gator (Melora Walters), viciada em cocaína, e Jim Kurring (John C. Reilly), por quem, após uma batida da polícia no apartamento de Claudia, o policial acaba se apaixonando. Em *Short cuts* e *Magnólia,* as coincidências apontam uma espécie de correlação, sutil e muitas vezes difícil de ser encaixada, por parte do leitor. O que venho pesquisando há alguns anos em sala de aula é essa capacidade de o leitor correlacionar histórias e como a hipermídia consegue nos ajudar nisso. Como faríamos o roteiro de *Magnólia* em suporte digital? Sugiro esse exercício para o leitor. Deixe este texto aberto e vá até a locadora mais próxima e assista a *Magnólia*.

Para McLuhan, "o espaço euclidiano é a prerrogativa do homem visual e letrado. Com o advento do circuito elétrico e com o movimento instantâneo de informação, o espaço euclidiano reflui e as geometrias não euclidianas emergem. Lewis Carrol, o matemático de Oxford, estava perfeitamente consciente dessa mudança em nosso mundo quando fez Alice atravessar o espelho para um mundo onde cada objeto criava seu próprio espaço e condições de tempo".

A ambiência da cibercultura, bem como o roteiro de *Alice no país das maravilhas*, me suprem de sensações capazes de gerar um olhar distante (de fora) sob as diversas formas de leitura e interpretação visual de conteúdos digitais. Para o médico psiquiatra e professor da Escola Politécnica da Universidade de São Paulo Henrique Schützer Del Nero, "pensamento, ou cognição, é o que unifica homens e máquinas, sendo-lhes a razão formal, regra de inferência e outras tantas. A forma que embasa o pensamento é a mesma nos dois casos. Não havendo, portanto, distinção que possa se manter entre um computador ideal e o cérebro humano". O filósofo e cientista político inglês Thomas Hobbes, nascido em 5 de abril de 1588, e um dos pais da filosofia moderna, acreditava que pensar era sinônimo de calcular. No século XIX, utilizávamos entidades internas para explicar a mente. Já no século XX, verificou-se reação oposta: o comportamento tornou-se fiel dignatário, expulsando a mente de cena.

Em 1954, McLuhan escreveu que "antes da imprensa, um leitor era alguém que discernia e sondava enigmas. Após a imprensa, passou a significar alguém que corria os olhos, que escapulia ao longo das superfícies macadamizadas do texto impresso [...] à imprensa, à mecanização da escrita, sucedeu, no séc. XIX, a fotografia e, em seguida, a mecanização da fala ao telefone, no fonógrafo e no rádio. Com o cinema e a televisão sobreveio a mecanização da totalidade da expressão humana, da voz, do gesto e da figura humana em ação [...] cada um desses estágios da mecanização da expressão humana comparou-se, no seu âmbito, à revolução deflagrada pela própria mecanização da escrita".

Na metade do século XX, os pensadores e a psiquiatria declararam o fim do **behaviorismo**, resgatando-se novamente o papel da mente e introduzindo o conceito entre estímulo e resposta – regras de conexão passaram a ser algoritmos, conjuntos finitos e bem determinados. "O pensamento tornou-se computação, sinônimo de cálculo", explica Del Nero.

CORRELAÇÃO E MOBILIDADE

Em 1947, a população mundial era de 2,3 bilhões de pessoas e, segundo projeções da Organização das Nações Unidas (ONU), seremos entre 7,3 bilhões a 10,7 bilhões de pessoas em 2050, o que significa números ainda mais gigantescos se pensarmos em oferta de serviços e conteúdo em dispositivos móveis, só para citar um exemplo. Em 2010, 3 bilhões de pessoas em todo o mundo utilizarão equipamentos sem fio, segundo as previsões do Instituto Gartner. Escritórios repletos de fios, uma realidade em 100% das empresas brasileiras em 1995, ano em que a internet comercial começou a operar no país, começam a entrar em desuso. O crescimento da comercialização de notebooks, laptops, celulares e PDAS (Personal Digital Assistants), aliado aos avanços vertiginosos das operadoras de telefonia, integradores e provedores de aplicações, conteúdo e serviços, coloca o país, ao lado da China, em uma projeção de crescimento acima de 50% ao ano para o setor móvel.

Segundo dados da Agência Nacional de Telecomunicações, a Anatel, 75,5 milhões de brasileiros possuem alguma forma de acesso móvel no país. Em 1996 eram apenas 1,4 milhão de pessoas com celulares. A primeira geração celular (**1G**) foi analógica e a segunda (**2G**), digital de banda estreita. A terceira geração (**3G**), digital de **banda larga** para multimídia, já está disponível no mercado. Se analisarmos as vantagens, por exemplo, da tecnologia CDMA EV-DO, de 3G, com excelente nível de transmissão de recursos MMS – Multimedia Message Service e taxas de download de até 2,4 Mbps, o que representa receber em seis segundos um videoclipe de 15 MB.

Para o jornalista, sociólogo e professor titular da UFRJ Muniz Sodré, o processo atual pode ser definido como "mutação tecnológica", em que vivemos a maturação tecnológica do avanço científico e, com ela, acabamos "hibridizando" em cascata a telefonia, a televisão, a computação móvel e, por fim, a hipermídia. "Hibridizam-se igualmente ao aparecimento do que se tem chamado de hipertexto ou hipermídia." Percebemos com essa citação que a comunicação também se torna híbrida, pois começamos a prover conteúdo, misturando, em alguns casos, conceitos de usabilidade com gestão tecnológica, prestação de serviços com ofertas publicitárias etc. O jornal espanhol *El País*, por exemplo, colocou recentemente no ar o espaço jovem EP3 (http://www.ep3.es), projeto construído em cima de três suportes: internet, papel e dispositivos móveis.

Diariamente, os leitores podem acompanhar em vídeo, áudio ou texto o que acontece em matéria de música, moda, cinema, sexo, viagem, estilo de vida e novos talentos, entre outros temas. E o que é melhor, é possível opinar sobre tudo, enviar fotos, o registro de um desfile de moda ou a cobertura completa do show da sua banda preferida diretamente do celular. Ou seja, o leitor protagoniza sua própria reportagem. Se estiver estressado, pode apenas relaxar ouvindo Belle & Sebastian no canal musical. E se não bastasse a interatividade com qualidade de TV digital e os jornalistas cidadãos de plantão, posteriormente, o EP3 vira suplemento impresso para os amantes do papel. São exemplos como esse que nos fazem pensar sobre a função da comunicação na sociedade atual. Não podemos, de jeito algum, perder o respeito pelo nosso leitor. Ele tem que ser o protagonista da história. É essa a grande sacada do projeto EP3 do *El País*.

Se esquecermos que ele é ativo, opinativo e vive em uma sociedade globalizada, estaremos perdendo a conexão com ele, aquilo que McLuhan identificou como um leitor que discernia e sondava enigmas e que, a partir da mediação da imprensa, tornou-se passivo. Devemos rapidamente perceber que o leitor tem voz e gosta de desvendar enigmas. O exemplo do jornalista norte-americano Jeff Jarvis, que criou um **blog** e, literalmente, colocou a boca no trombone contra a Dell nos mostra o poder do jornalismo cidadão. Comprador de um laptop da marca Dell, Jarvis percebeu que o micro estava com defeito e tentou de todas as maneiras ser ouvido pela empresa. Cansado dos problemas com o telemarketing, criou o blog BuzzMachine (http://www.buzzmachine.com) e rapidamente a história do Dell Hell se espalhou pelo mundo, obrigando a empresa a rever sua política de atendimento ao consumidor. Chega de intermediários, vamos ouvir o nosso leitor!

No século atual, diversos estudos caminham para a codificação da função cérebro/mental, nos quais poderemos de uma só vez discutir a sintaxe neural aliada à linguística, permeando seus signos culturais e todos os estudos que, a partir da descoberta da internet gráfica, possam nos ajudar a decodificar as narrativas jornalísticas e ficcionais. Para o sociólogo e filósofo francês Jean Baudrillard, "os sistemas mágicos, metafísicos, religiosos, que em outros tempos provaram seus méritos, caíram em desuso. Mas, desta vez, parece que teríamos a solução final, o equivalente definitivo: a Realidade Virtual sob todas as formas – o numérico, a informação, a computação universal, a clonagem. Em suma, a instalação de um perfeito artefato virtual e tecnológico tal que permita que o mundo possa se trocar por seu duplo artificial".

Para se ter ideia do volume avassalador da internet, a cada segundo nasce um novo blog na web. Somente em julho de 2005 foram criados oitenta mil blogs por dia, afirma a empresa Technorati. Esses são só alguns exemplos para podermos refletir: como uma sociedade predominantemente focada na escrita está cedendo espaço para uma realidade informacional? Como preparar o receptor para receber informações em diversos protocolos de leitura – bem diferentes dos tradicionalmente conhecidos, aqueles com suporte concreto como o jornal, a revista, o livro, a TV? Um bom indicador é observarmos o comportamento da mídia digital em grandes coberturas como, por exemplo, o episódio de 11 de setembro, em Nova York, e o adeus ao papa João Paulo II. Com uma diferença de quatro anos entre um e outro (2001 e 2005), conseguimos notar claramente um aumento da participação do receptor. Os visitantes no Vaticano abasteciam os tradicionais veículos da grande imprensa com fotos, vídeos, mensagens e depoimentos cheios de emoção e opinião. Os blogs pautaram a mídia, inclusive com enquetes e pesquisas, para saber qual era o pontífice mais cotado para ser o novo número um da Igreja Católica Apostólica Romana. Vista por esse prisma, a narrativa não está fadada ao esquecimento com o envelhecimento da escrita, mas em constante processo de hibridização, o que exige do leitor um alto grau de conhecimento do ambiente digital, para depois conseguir imergir no virtual e controlar os formatos e as mensagens. A narrativa atual espelha uma tendência de época, em que o olhar humano faz um percurso frenético para tentar captar todas as possibilidades visuais oferecidas e, com isso, acabamos fazendo uma varredura do código visual pós-moderno. Acreditamos que o hipertexto pode ser uma útil ferramenta para reconstruir a **memória** coletiva, uma memória fragmentada. O filósofo Pierre Lévy vai mais longe e propõe três classificações para as mensagens: "somáticas, midiáticas e digitais". O primeiro grupo utiliza-se de presença efetiva como, por exemplo, as performances "ao vivo" de fala, dança, música etc. Já as midiáticas servem para fixar e reproduzir as mensagens, conseguindo maior alcance e melhor difusão, como no caso das pinturas, selos, carimbos, escrita, entre outros.

"Ao permitir a reprodução e a difusão em massa de textos e imagens, a prensa inaugura a era da mídia. Essa conhece seu apogeu entre a metade do século XIX e a metade do século XX, graças à fotografia, à gravação sonora, ao telefone, ao cinema, ao rádio e a televisão", explica Lévy.

As novas tecnologias de informação, em especial as formas hipertextuais, vêm preencher uma lacuna dupla, seja em permitir o acesso à rede de informação como também o acesso a arquivos pessoais ou coletivos, que serão remixados, numa eterna bricolagem de narrativas, sejam elas textuais, imagéticas, audíveis ou sensoriais. Não é mais o mundo interior do autor que aflora no meio digital e nem a rede que invade os *mass media* tradicionais.

Como teórico da comunicação, o poeta Décio Pignatari traduziu importantes obras de Marshall McLuhan e a partir do contato com McLuhan tornou-se um entusiasta da comunicação. Para ele, "a necessidade de alfabetização universal cria a necessidade de informações sintéticas para o grande número: o jornalismo e o livro, no século passado; o cinema, o rádio e a televisão no século XX. Cada um desses meios e todos eles em atrito determinam modificações globais de comportamento da comunidade, para as quais é necessário encontrar a linguagem adequada [...] Toda relação que se estabelece entre duas coisas estabelece um vínculo de alguma ordem que é expresso em termos de linguagem".

Os estudos qualitativos da recepção, produzidos pela academia, tornam-se insuficientes no tocante à crítica cultural, já que normalmente dissociam as práticas cotidianas de comunicação das relações sociopolíticas que vivemos a partir da década de 1980. Para a autora Lúcia Leão, "nos anos 80, novas tecnologias transformaram o mundo da mídia [...] a nova mídia determina uma audiência segmentada, diferenciada que, embora maciça em termos de números, já não é uma audiência de massa em termos de simultaneidade e uniformidade da mensagem recebida [...] devido à multiplicidade de mensagens e fontes, a própria audiência torna-se mais seletiva".

Com a mídia eletrônica, as informações diferenciam-se de outros meios tradicionais como, por exemplo, a impressão ou a transmissão por ondas eletromagnéticas. Ela perde sua característica unívoca, de relação um para um, para transformar-se em dado com múltiplos significados e leituras. Do mesmo modo que as ondas eletromagnéticas, o hipertexto também oferece uma nova concepção de aprendizagem e troca de informação a partir de sua teia não linear e suas múltiplas possibilidades de interação. Segundo Leão, "a construção da teia mundial envolve o trabalho de diversas mentes, distribuídas em diversas páginas [...] não se encontram localizados em um ponto central e específico. Ao contrário, é no caráter de autogeração que a internet se desenvolve".

E é este caráter de autogeração que Jorge Luís Borges já nos falava em *La Biblioteca de Babel*. "O universo (que outros chamam de Biblioteca) é composto de um número indefinido, e talvez infinito, de galerias hexagonais, com vastos poços de ventilação no centro, cercado por varandas baixíssimas. De qualquer hexágono, veem-se os pisos inferiores e superiores: interminavelmente".

Criar processos metodológicos para auxiliar na compreensão da narrativa interativa deveria ser um dos objetivos do jornalismo atual e, nesse contexto, os roteiros cinematográficos não lineares são ótimos mecanismos para recuperar a cognição mental, autônoma em relação às elaborações sociais. No caso particular da imprensa, isso conduz a uma perda de hegemonia do código verbal, que, ao contrário das linguagens multimídias, é arbitrário e convencional. Estamos propondo mudar o velho paradigma linear emissor-receptor, para evoluirmos para paradigmas mais complexos, gerando visões fragmentadas da realidade, principalmente na área da imprensa e da comunicação de massa.

O que me interessa é perceber que caminho a informação percorreu. Isso permite aos jornalistas criar uma teia de narrativas e explicá-las posteriormente em interpretações hipermidiáticas. Vale registrar aqui que a *informação* constitui-se em suporte básico para toda atividade humana e que todo o nosso cotidiano é um processo permanente de informação. Por meio de um mergulho nos movimentos teóricos que utilizam o design como ferramenta para aquisição de competências, conseguiremos sugerir uma nova forma de se proporem narrativas em suportes digitais. Para Pierre Lévy, "o computador não é mais um centro, e sim um nó, um terminal, um componente da rede universal calculante. Suas funções pulverizadas infiltram cada elemento do tecnocosmos. No limite, há apenas um único computador, mas é impossível traçar seus limites, definir seu contorno. É um computador cujo centro está em toda parte e a circunferência em lugar algum, um computador hipertextual, disperso, vivo, fervilhante, inacabado: o ciberespaço em si".

O desenvolvimento das novas tecnologias e a possibilidade de criação de redes de comunicação, de interesses específicos, técnicas, utilizando os mais variados recursos, meios e canais, são fundamentais para o desenvolvimento de novas formas de expressão hipertextual. Podemos dizer que o desenvolvimento da multimídia, as novas formas interativas de acesso à informação, as conferências e redes via computação representam o mais novo território de disputa e luta na sociedade. As redes de movimentos sociais utilizam-se da possibilidade que oferecem as redes tecnológicas, de troca horizontal de informação, para fortalecer suas estratégias de conquista de espaço na sociedade.

Segundo o professor da Universidade Federal da Bahia Antonio Albino Canelas Rubim, para compreender a sociedade estruturada e ambientada pela mídia em toda a sua plenitude, inscrita em um novo patamar analítico, deve-se realizar um movimento horizontal que retenha as tensas combinatórias entre os pares espaço geográfico e eletrônico, convivência e televivência, local e global, mas igualmente um segundo movimento, agora vertical, que, ao agregar espaço geográfico, local, convivência e realidade contígua, em uma constelação, e espaço eletrônico, global, televivência e telerrealidade, em outra, desnuda, de modo cristalino, as dimensões que compõem a atualidade e o caráter imanentemente complexo da sociedade contemporânea.

Aparentemente caótica, se vista por um olhar desatento, a narrativa digital é extremamente organizada, rica em detalhes fixos que, como consequência de sua estrutura aparentemente rígida, libera a interpretação para além das informações auditivas. Ou como bem salienta Freud, "a ordem é uma espécie de compulsão a ser repetida, compulsão que, ao se estabelecer um regulamento de uma vez por todas, decide quando, onde e como uma coisa será efetuada, e isso de tal maneira que, em todas as circunstâncias semelhantes, a hesitação e indecisão nos são poupadas. [...] Ela capacita os homens a utilizarem o espaço e o tempo para o seu melhor proveito, conservando ao mesmo tempo as forças psíquicas deles".

Com intuito de experimentar novas formas de narrativas e por acreditar em ambientes colaborativos, como salvação para o jornalismo clássico, criei o projeto Remix Narrativo (www.remixnarrativo.com.br), numa alusão à sociedade "remixada" em que vivemos hoje, o ambiente multiusuário participativo de troca de narrativas, sejam em formato texto (poesias, contos, folhetins ou histórias cotidianas), formato imagético (fotografias, ilustrações, vídeos, recortes), formato sonoro ou formato comunitário, como listas de discussão, comunidades no Orkut ou envio de e-mails aos participantes. Nele pretendo, enquanto estudo vivo, discutir as formas de narrativas no ambiente digital, sem deixar de olhar para as narrativas jornalísticas, principalmente para o jornalismo literário. Vilas Boas, por exemplo, afirma que as características dos textos biográficos eram: "imersão total do repórter no processo de captação; jornalistas eram autores e personagens da matéria; ênfase em detalhes reveladores, não em estatísticas ou dados enciclopédicos; descrição do cotidiano; frases sensitivas; valorização dos detalhes físicos e das atitudes das pessoas; estímulo ao detalhe".

Deveríamos resgatar esse jornalismo literário, que já foi espetacular nas mãos de Gay Talese e Truman Capote – fiéis escudeiros do estilo *new jornalism*, estilo que fez história também no Brasil em publicações como *Realidade*, *Cruzeiro* e *Manchete*, nos anos 1960. O Remix Narrativo, desenvolvido no meu doutorado na USP, parte do pressuposto de que a partir do início do século XXI o leitor anônimo ganhou força e começa perceber o surgimento – pelas bordas, quase imperceptível – de ambientes de compartilhamento de experiências e informações como, por exemplo, os blogs, fotologs, música *on demand* (**MP3**), Orkut, listas e fóruns de discussão.

O participante pode alterar uma narrativa textual existente a partir do desenrolar da trama; mudar os personagens ou de formato, ou seja, continuar o conto com inserção de uma imagem, áudio ou vídeo. A cada bloco temático é possível espiar, participar, modificar ou iniciar uma nova narrativa – apropriando-se do formato existente ou escolhendo outro numa lúdica brincadeira entre formatos multimídias.

Com base nos ensinamentos de Lacan em *A ética da psicanálise*, usaremos a definição dos três modos de abordagem do vazio. A arte, que se organiza em torno dele, a religião, que consiste em evitá-lo, e a ciência, que teima em negá-lo. O ambiente Remix Narrativo se enquadra em torno do vazio, colocando-se no tênue espaço entre arte e jornalismo que vivemos hoje na sociedade pós-moderna. Tentarei, ao longo do projeto, desconstruir as narrativas, transformando-as em uma grande árvore com ramificações múltiplas, o que nos ajudará a formular um novo olhar jornalístico para o ciberespaço. Metaforicamente é como se voltássemos à Revolução Francesa e seus panfletos, distribuídos nas imediações da Bastilha. No auge do Iluminismo, o jornalismo tinha um papel social muito próximo do que estamos presenciando no ciberespaço. A situação social era tão grave, na França da monarquia de Luís XVI, que o povo foi às ruas com o objetivo de tomar o poder. O primeiro alvo dos revolucionários foi a Bastilha. A Queda da Bastilha, em 14 de julho de 1789, marca o início do processo revolucionário sob o lema "Liberdade, Igualdade e Fraternidade".

Para Alexander von Humboldt, um dos idealizadores da Universidade de Berlim e figura presente nos episódios da Revolução Francesa, "a língua reflete o espírito de uma nação, e deve ser usada como espelho para mostrar a sociedade como ela mesma se vê". Humboldt, apesar de ter vivido no século XVIII, foi um dos precursores da filosofia livre dos blogs. O uso, por exemplo, de uma língua cifrada em blogs e em bate-papos fez com que o português fosse "engolido", transformando a escrita em manifestações antropofágicas. Com o programa mIRC, que permitia o bate-papo muito antes da proliferação das salas de **chat**, a falta de acentos e a agilidade da conversa foram itens fundamentais para se moldar uma nova relação psicossocial com a linguagem escrita.

Com formato específico, os blogs automatizam todo o processo de publicação em uma ordem cronológica – podendo ser simplesmente informativos, **links** atualizados ou diários poéticos – fazendo com que o emissor permaneça em um fluxo vertical com o leitor. Toda a narrativa é em primeira pessoa, o que nos leva a constatar a infinidade de discussões pessoais na rede.

Seja assistindo ao filme *Magnólia* ou tentando visualizar uma rua no Google Earth, o leitor que conseguir memorizar uma informação na web, interpretando-a por meio de *flashbacks* da memória – capacidade de reter experiências passadas ou conhecimentos anteriormente adquiridos que se manifestam por hábitos ou lembranças –, estará construindo uma narrativa digital.

Por que não saltar para outro plano e ver fotos atuais da Bastilha em um ensolarado domingo de verão em Paris? Em outro plano mais abaixo, algumas poesias de *As flores do mal* saltam da página.

Quando isso acontecer, meu caro leitor, o jornalista terá retomado sua principal função, a de contar uma boa história, como nos ensina Gabriel García Márquez.

REFERÊNCIAS BIBLIOGRÁFICAS

BAUDRILLARD, Jean. *O sistema dos objetos*. São Paulo: Perspectiva, 2000.

CASTELLS, Manuel. *A sociedade em rede*. São Paulo: Paz e Terra, 2000.

COSTA, Cristina. *A milésima segunda noite:* da narrativa mítica à telenovela – análise estética e sociológica. São Paulo: Anablume/Fapesp, 2000.

FREUD, Sigmund. *O mal-estar na civilização*. Rio de Janeiro: Imago, 1997.

LEÃO, Lúcia. *O labirinto da hipermídia*. São Paulo: Iluminuras, 2001.

LÉVY, Pierre. *As tecnologias da inteligência*: o futuro do pensamento na era da informática. São Paulo: Editora 34, 1993.

PIGNATARI, Décio. *Informação, linguagem, comunicação*. São Paulo: Perspectiva, 1970.

RUBIM, Antônio Albino Canelas. Contemporaneidade, (idade) mídia e democracia. In: DOWBOR, Ladislau et al. (org.). *Desafios da comunicação*. Petrópolis: Vozes, 2000.

SANTAELLA, Lucia. *Culturas e artes do pós-humano*: da cultura das mídias à cibercultura. São Paulo: Paulus, 2003.

SODRÉ, Muniz. *A antropologia do espelho*: uma teoria da comunicação linear em rede. Petrópolis: Vozes, 2002.

O JORNALISTA NO MUNDO DOS *GAMES*

Com poucas exceções, nós, adultos, utilizamos o computador – incluindo aí a internet – para trabalhar. Para executar tarefas práticas, ligadas ao cotidiano, da mesma forma que usamos um caixa eletrônico de banco para sacar dinheiro, por exemplo. Por outro lado, as crianças e os adolescentes usam o computador para se divertir: para jogar, incluir ou assistir a vídeos no YouTube, conversar com amigos por meio do **Messenger** (MSN), baixar músicas em **MP3**, atualizar seus **blogs**, "viver" na **Second Life** etc.

Podemos até superar os adolescentes no número de horas em frente ao computador. Mas não é esse o ponto. É fácil perceber que são eles, de fato, que interagem mais com a máquina e com outras pessoas conectadas. Então, aqui vai o convite deste capítulo a você, jornalista, publicitário, comunicador, educador, estudante, leitor: entre – ou ao menos observe atentamente – no mundo dos *games*, da diversão, de tudo aquilo que muitas vezes consideramos bobagem.

No caso dos *games*, o computador e a internet integraram essa diversão a uma máquina utilizada no dia a dia e possibilitam a interação em rede, eliminando as distâncias geográficas e temporais.

Antes, os jogos só aconteciam com consoles, aqueles aparelhos conectados à televisão – não que eles tenham desaparecido, vide febre dos lançamentos de Nintendo Wii e Sony PS3 no final de 2006.

Nos anos de 1980 e 1990, dois amigos ou irmãos disputavam com seus *joysticks*, sentados num sofá, no quarto ou na sala de casa. Agora, são inúmeros amigos ou competidores, numa ***lan house*** (*local area network*, ou área de rede local), ou mesmo desconhecidos na rede, separados por distâncias geográficas e temporais que não importam.

Para os jornalistas e desenvolvedores de **websites**, conhecer o mundo dos *games* e "beber" das demais fontes citadas, que realmente encantam e magnetizam as crianças e jovens, pode ser uma forma de inspiração – com muito trabalho e transpiração – que resulte em sites jornalísticos mais interativos, com visual e conteúdo mais atrativos e profundos.

Estávamos em 2002, mais precisamente em uma aula densa do curso de mestrado, na ECA-USP, quando a maioria dos alunos insistia em dizer que o computador e suas interfaces são hostis e não permitem a interatividade e a imersão em um grau profundo.

Estava quase concordando, quando lembrei do meu irmão mais novo e de toda uma geração de adolescentes que, na época, estavam realmente imersos no mundo dos *games* – tanto nos *videogames* de console quanto nos jogos de computador. Não respondiam aos pais quando chamados para jantar e economizavam a parca mesada para torrar nas recém-inauguradas *lan houses*.

A professora norte-americana Janet H. Murray, conhecida mundialmente por seus trabalhos sobre design interativo e informativo, autora do imperdível *Hamlet no Holodeck*, já explorou a ideia de que o *game* "The Sims", entre outros jogos, traz uma contribuição significativa para o ato de contar histórias, ou, falando mais tecnicamente, na construção da narrativa. Quando a narrativa se torna mais interativa, com uma participação real do usuário/receptor, o website jornalístico tende a acompanhar essa mudança. Aliás, guarde o jogo "The Sims" na cabeça para mais tarde, pois é uma das origens da tão falada Second Life.

Foi assim que surgiu para mim a ideia de levar um grupo de mestrado para uma *lan house*, a fim de experimentar a imersão do *game*, tão conhecido dos adolescentes e tão inóspito para nós. Cerca de dez alunos e a orientadora do curso, de diferentes faixas etárias – dos 20 aos 50 anos, aproximadamente –, participaram de uma experiência inédita. Fomos a uma *lan house* e jogamos por cerca de uma hora. Interagimos, imergimos.

JOGO PARA MESTRES

As *lan houses* são espaços com vários computadores potentes ligados em rede. Como uma derivação dos cibercafés, porém muito mais voltadas para diversão, surgiram na Coreia, em 1996. No Brasil, a rede pioneira foi a Monkey, que desembarcou por aqui em novembro de 1998. Atualmente, a rede recebe cerca de 90 a 150 visitantes por dia, que jogam, em média, entre uma e três horas.

Engana-se quem pensa que as *lan houses* são lugares lúgubres, como os decadentes fliperamas. São espaços amplos, claros, limpos, bem localizados. Nelas, em 2002, o jogo mais requisitado era o "Counter Strike", uma disputa entre terroristas e antiterroristas. Em 2006, o rei das *lan* perdeu o posto para "Battlefield 2" e "Need for Speed Most Wanted".

O "Counter Strike" é um jogo em primeira pessoa: a imagem que aparece na tela, em primeiro plano, é a mão do combatente, como se o computador fosse uma extensão do corpo do usuário. Com um fone de ouvido, o som isola qualquer conexão com a realidade exterior ao *game*. A partir de um sistema de mensagem instantânea (do próprio jogo), como um MSN, os jogadores se comunicam, se ajudam, até se xingam.

A narrativa não tem mistério. Além do confronto (ou "mata-mata") entre os times, em algumas fases (cenários) – chamadas de mapas –, os terroristas têm a missão de instalar uma bomba. Os antiterroristas devem desarmá-la, senão os bandidos vencem. Em outros mapas, a iniciativa parte dos antiterroristas, que precisam resgatar os reféns e levá-los até uma base.

Entre tiros e perseguições virtuais, o envolvimento dos jogadores é real. Até mesmo eu e meus colegas de mestrado assumimos, momentaneamente, as personalidades beligerantes e fomos envolvidos pela narrativa do jogo. A novidade de estar em uma *lan house*, aliada à trama simples, ao gráfico 3D, à variedade de mapas e, principalmente, aos recursos interativos faziam com que vibrássemos mais a cada rodada. Agíamos como equipes e, aos poucos, entendíamos melhor os mapas, a maneira de movimentar nossos avatares (bonecos que representam os jogadores) e como manejar as armas.

Sair da universidade e entrar no mundo dos *games* foi um episódio singular no dia a dia dos alunos do mestrado da ECA-USP. Todos concordaram que a experiência na *lan house* foi interativa e imersiva. É claro que o conteúdo não era quase nada informativo; apenas um jogo de mata-mata. Mas tudo bem, aquilo serviu de fagulha inicial para possíveis ideias.

MAIS UMA VIDA

De 2002 para 2007, muita coisa aconteceu no mundo da internet e dos *games*. Talvez o principal fenômeno recente não seja propriamente um jogo, mas sim uma evolução das salas de bate-papo, pós-Orkut, misturada com um ambiente 3D impressionante, muito identificado com o mundo e a dinâmica dos *games*. O Second Life (www.secondlife.com).

Em fevereiro de 2007, são 3,6 milhões de usuários, sendo 5% de brasileiros. Para participar, o usuário preenche um cadastro, concorda com uma série de regras de "boas maneiras" e baixa o programa no computador. O pacote básico, que dá direito a acesso a alguns lugares e recursos, é gratuito. É necessário computador e internet (com **banda larga**, pois é pesado).

A definição na **home page** dessa "segunda vida" é: mundo digital em três dimensões, imaginado, criado e de propriedade de seus próprios residentes. Cada usuário, ou avatar, nasce na forma de um boneco, que no começo segue padrões determinados, mas pode comprar olhos claros, cabelos diferentes e outros "atributos", incluindo carro e cachorro. Como na primeira vida, na vida real.

O Second Life foi criado em 2003 pela empresa californiana Linden Lab e simula um mundo virtual em três dimensões. É bastante realista, com direito a hotel, lojas, boates etc. Os avatares se encontram, conversam, interagem, fazem compras na moeda linden. O sistema financeiro é complexo: existe uma moeda, o linden. Os personagens podem criar qualquer tipo de objeto, de roupas a edifícios, e detêm todos os direitos sobre eles. Esses itens são comprados e vendidos e quem acumula lindens pode trocá-los de volta por dinheiro de verdade Há bancos para emprestar lindens a juros.

Para o psiquiatra Sergio Nicastri, doutor em medicina pela USP, "vivemos em um momento paradoxal. Por um lado, há grande facilidade de comunicação, com e-mail, MSN, Skype, videoconferência e outras tecnologias. Por outro, vivemos em verdadeiras cavernas modernas, rodeados de PC, DVD, home theater, TV de plasma gigante na sala e individuais nos quartos. Enfim, equipamos nossas casas com tudo o que podemos para não termos que sair dela, com medo das ruas, dos assaltos, da violência".

"O Second Life encaixa-se neste contexto como uma forma de escapismo. Podemos estabelecer paralelos com aspectos da vida religiosa e também com o auge do romantismo, nas artes, quando havia a idealização do período da Idade Média, na Europa, e do indianismo, no Brasil. As pessoas querem ter uma vida melhor, diferente, além desta aqui, da realidade. E no mundo virtual você faz as suas regras, inclusive coisas que aqui não são permitidas", explica Nicastri. "Não vejo o Second Life como algo necessariamente ruim, pois a fantasia é um ingrediente que tempera a vida, dá graça, distrai; é um momento para respirar. O risco é o usuário viver a segunda vida no lugar da primeira", completa o psiquiatra.

Além dos aspectos comportamentais, o Second Life também causa discussões sobre a estratégia de marketing e publicidade que o sustenta. A fama da comunidade começou a chamar a atenção de empresas de verdade, que descobriram no jogo um local interessante para ações de marketing.

A Adidas criou uma loja virtual para divulgar uma linha de tênis. Toyota, Sony, IBM e outras fizeram o mesmo. A agência de notícias Reuters construiu sua redação virtual. A Endemol, produtora do "Big Brother", promoveu uma versão digital do *reality show*.

O sucesso do Second Life, tanto "editorial" (conteúdo) quanto comercial, deve-se em grande parte a essa real sensação dos usuários de serem "donos" da comunidade. A identificação com aquele mundo, com aquela vida e com os demais usuários que ali estão – ainda que vestidos e "criados" conforme a imaginação de seus verdadeiros "pais" – leva milhares de pessoas a construírem e mobiliarem cuidadosamente suas casas virtuais e a gastarem seu precioso tempo (e seu dinheiro) com esse *hobby*.

A expectativa dos brasileiros, apaixonados pelo Orkut, é o lançamento da versão brasileira do Second Life. No final de 2006 foi anunciado o licenciamento pelo iG, empresa de internet da Brasil Telecom. Até fevereiro de 2007, esse projeto ainda não fora concretizado. Na época, um porta-voz do iG afirmou que a verba publicitária viria da venda de terrenos virtuais em que os usuários poderiam construir suas casas, com cenários bem brasileiros, além de utensílios e acessórios virtuais para os personagens dos jogadores, seguindo o modelo do original.

Sem fazer julgamentos, abrimos parênteses para mostrar a liberdade e o dinamismo – e o bom humor também! – presentes na internet. Uma home page, com layout muito semelhante, já parodia o Second Life. Chama-se Get a First Life, ou "Tenha uma primeira vida" (www.getafirstlife.com), e sua definição é: mundo analógico 3D, onde o servidor nunca dá problema. A chamada na home é "acesse o seu guarda-roupa para vestir sua roupa da primeira vida", com destaque sobre uma foto de crianças fantasiadas de piratas. Vale a pena visitar.

CINEMA COM *JOYSTICK*

Garotos e jovens, entre 10 e 21 anos. Esse foi o público que participou de um evento inédito no Brasil, que pela primeira vez reuniu duas de suas paixões: *videogame* e cinema.

O primeiro Cineplay foi realizado no MorumbiShopping, em São Paulo, em julho e agosto de 2006. O campeonato de *videogame* disputado dentro de uma sala de cinema é um exemplo da atual convergência de mídias, se pensarmos no console do *videogame*, no telão do cinema, e na interatividade, já que os usuários estão jogando em rede. Isso sem falar na maior interatividade possível, que é a convivência entre as pessoas, a troca de palavras, de histórias, de comentários exaltados e comemorações vibrantes das equipes.

A ação foi criada pela agência de publicidade JWT em parceria com as empresas Aktuell, Rain Brasil e editora Digerati. A competição de "Winning Eleven", um *game* de última geração de futebol, que permite até oito jogadores simultâneos, foi patrocinado por Nescau (Nestlé), com foco no público jovem. E a marca alcançou o que queria:

- 16.216 visitas ao hotsite sobre o Cineplay (de 10/7/2006 a 20/8/2006)
- 2.403 cadastrados
- 667 inscritos em 14 dias
- 1.292 e-mails recebidos solicitando envio de *newsletter*
- 2 comunidades no Orkut sobre o campeonato

A imprensa comentou o evento e ampliou ainda mais a visibilidade da marca. As TVs Cultura, Bandeirantes, ESPM e tantos outros veículos de comunicação estavam lá entrevistando os garotos eufóricos que, pela primeira vez, realizavam duas de suas atividades preferidas: jogar *videogame* e ir ao cinema. Ao mesmo tempo.

"Esta iniciativa proporcionou à Nestlé uma oportunidade inédita de contato com o consumidor de Nescau em uma atividade que faz parte do universo de adolescentes e jovens", explicou Jurg Blaser, na época, diretor da Unidade de Negócios de Café, Bebidas e Foodservices da Nestlé Brasil. "O jogo escolhido está ligado à superação de limites, garra e radicalidade – atributos pertinentes à marca Nescau – e tem como tema o principal esporte do Brasil: o futebol", complementa.

Casos de sucesso como esse fazem parte do que as agências chamam de propaganda 360º, que vão além das mídias tradicionais – filme na TV, anúncios em revistas e jornais, *outdoors* (que em São Paulo foram proibidos no final de 2006), *spot* no rádio – e buscam ações diferenciadas para "abraçar" o consumidor nos locais que ele realmente gosta de estar. Assim, as marcas e os produtos entram na vida e na mente do público de maneira mais sutil, proporcionando até o que os publicitários chamam de "*adentertainment*" (união de "*ad*", anúncio, e "*entertainment*", entretenimento). A propaganda também pode ser lazer, diversão, *pop art* etc.

O NOVO LEITOR

No mundo de quem conhece e se diverte com *games*, estamos falando principalmente de um público jovem e masculino. Já quando pensamos em jornalistas e desenvolvedores de internet, aí o leque se abre e temos a ampliação da faixa etária, além da presença feminina. E se olharmos para a outra ponta do processo, temos um usuário que já possui alguma familiaridade com o computador, já conhece essa interface e ultrapassou a barreira dos meios tradicionais. Porém, como sabemos, é difícil conhecer dados objetivos sobre os usuários, pois uma das grandes premissas da web é a garantia do anonimato. Só se identifica quem quer.

Para sintetizar os perfis dos leitores e suas principais mudanças ao longo dos tempos, tomamos a descrição realizada pela professora titular da PUC-SP Lúcia Santaella:

- *Contemplativo* – leitor de livro. Desde o início do século XVI, quando a atividade passou a ser um ato individual. Está rodeado de objetos e signos duráveis, como livros, pinturas e partituras. Utiliza principalmente a visão e a imaginação para a leitura sequencial, mas que permite idas e vindas. Um leitor que contempla e medita.
- *Movente, fragmentado* – início com o crescimento dos centros urbanos, em meados do século passado, quando a comunicação ganhou novas formas importantes, como o telégrafo, o telefone, os jornais, a fotografia e o cinema. Leitor de imagens, da velocidade, das linguagens efêmeras e misturadas. Os signos estão em movimento.
- *Imersivo, virtual* – integrado à era digital, ao século XXI. A digitalização e a compressão dos dados permite que qualquer tipo de signo possa ser recebido, armazenado e difundido via computador, somado à telecomunicação. Não manipula diretamente a tela em que o texto eletrônico é lido, mas utiliza o mouse ou outros recursos. É mais livre, pois realiza escolhas ao ler, por exemplo, quando caminha por um hipertexto em um website.

A evolução dos perfis dos leitores está relacionada principalmente ao aumento das linguagens e mídias envolvidas no processo de comunicação e à velocidade em que este acontece. A leitura imóvel, atenta, passa pelo transtorno das imagens em movimento, do controle remoto da TV e dos videoclipes frenéticos, para chegar à virtualidade do ciberespaço, que requer um usuário ativo, que busca a informação, sempre plugado a um computador ou a um dispositivo móvel que permita a transmissão de dados.

Os perfis propostos pela autora não são excludentes. Quem é hoje um leitor contemplativo, porque está deitado no sofá lendo um livro, amanhã pode ser imersivo ao conectar-se à internet. No entanto, os perfis prevalecem em determinadas épocas, como Santaella indicou, progressivamente.

E, como estamos no século XXI, teoricamente somos receptores imersivos. Mas desde que os emissores também falem essa mesma língua, oferecendo atrativos que nos estimulem a interagir e a imergir.

O BÊ-Á-BÁ DA INTERATIVIDADE

Para falarmos de interatividade em sites jornalísticos, consideramos que o jornalismo digital abrange tanto os sites de últimas notícias (*hard news*) sobre temas variados, de conteúdo atualizado constantemente, quanto os sites informativos segmentados, que abordam notícias de assuntos específicos ou segmentados, como economia, moda, esporte, automobilismo, decoração, saúde, animais de estimação etc. Os sites jornalísticos podem ou não ser derivados de veículos existentes em outros meios, como jornais, revistas, programas de TV e de rádio.

Já para definir interatividade, não há uma definição ou uma delimitação tão clara, capaz de encerrar o assunto em poucas palavras. Mas há um raciocínio comum presente em trabalhos de autores importantes. Interatividade está relacionada às ideias de comunicação de mão dupla e ao *feedback* do usuário, como diz o pai da usabilidade Jakob Nielsen. E também à colaboração do receptor na construção da narrativa, encorajada pelo emissor, na visão de Randall Packer e Ken Jordan, autores do livro *Multimedia: from Wagner to virtual reality*.

O que dificulta bastante o entendimento da interatividade é o uso excessivo da palavra. O início do uso indiscriminado da palavra interatividade pode ser relacionado ao advento da internet, que comercialmente foi lançada há cerca de 11 anos, e com uma outra novidade que causou furor e alçou o termo na poderosa mídia de massa: os *reality shows*, que chegaram em 2002 à televisão brasileira.

O formato de sucesso consiste em pessoas comuns confinadas em uma casa, totalmente monitoradas por câmeras e microfones. Geralmente são oferecidos prêmios ao vencedor – aquele que permanecer mais tempo na casa. No início de 2007, assistimos à sétima edição do "Big Brother Brasil", na rede Globo. O formato alcança bons índices de Ibope e é comercialmente um sucesso.

Os *reality shows* se autoproclamam programas interativos, pois incentivam os telespectadores a votarem em qual participante deve deixar a casa, por meio de ligações telefônicas, mensagens de texto via celular e enquetes na internet.

Antes de invadir a mídia de massa, a tal da interatividade era uma promessa da internet, ao inaugurar uma nova maneira de leitura: a navegação pelo hipertexto, conectando diversos sites no ciberespaço. Ou seja, o usuário ganha poder de escolha e decide qual caminho vai percorrer, rompendo com a tradicional leitura linear típica dos jornais e das revistas. Em relação à televisão e ao rádio, os recursos de áudio e vídeo permitem ao usuário a liberdade de assistir ou ouvir os conteúdos quando quiser. As possibilidades do meio digital apresentadas ao usuário/receptor fizeram com que rapidamente a web fosse aclamada como interativa.

Mas, antes disso, muitas águas rolaram. De acordo com diversos autores, como a professora doutora da ECA-USP Mônica Tavares, as primeiras criações interativas datam da década de 1960. Ivan Sutherland, pesquisador do MIT, considerado o pai da computação gráfica, criou o Sketchpad: um sistema de comunicação gráfica homem-máquina, programa que rodava no computador TX-S. Era 1962 e os computadores só processavam dados; não havia monitor, teclado ou mouse. Então, o professor construiu um sistema **on-line** em que o usuário podia desenhar no computador. Em linhas gerais, usava uma caneta especial sobre circuitos digitais e quase imediatamente as imagens eram visualizadas.

No mesmo ano, o engenheiro Douglas Engelbart elaborou linguagens, processos, metodologias e conceitos sobre a interação em tempo real. Suas teorias contribuíram para atividades on-line, como comunidades virtuais, fóruns e teleconferências. Por isso, é considerado também um dos pais da interatividade.

A França dos anos 1970 é um dos cenários importantes para a origem desse conceito, pois foi lá que se desenvolveram muitos experimentos nas áreas de telemática e comunicação audiovisual.

Além da tecnologia e mais recentemente do computador, a interatividade é muito identificada com as artes. Um autor fundamental nesse campo do conhecimento é Umberto Eco, que em seu livro *Obra aberta*, de 1962, afirma que toda obra de arte possui uma abertura básica, pois permite diversas interpretações por parte dos fruidores (ou receptores); no entanto, algumas obras são verdadeiramente abertas porque assim as constroem, intencionalmente, seus artistas criadores.

Enfim, a interatividade não nasceu hoje, mas, ao mesmo tempo, nunca foi tão comentada e almejada quanto depois da criação da internet. E, nesse contexto, ela é nova e ainda estamos engatinhando em direção a sites realmente interativos.

Para o professor francês François Zourabichvilli, "a interatividade pode ser um exercício muito passivo, simplesmente reativo, incluindo a valorização de reações no calor da hora, em que cada um é convidado a reproduzir os clichês em circulação, ao mesmo tempo em que os atribui a si mesmo como ponto de vista pessoal".

Sob essa luz fica claro pensar na passividade de atividades constantemente aclamadas como interativas na internet de 2007, como, por exemplo, uma votação para decidir quem sai da casa no ***reality show*** "Big Brother" ou em uma enquete com tema polêmico, do tipo "você é a favor do aborto?", com opções de "sim" ou "não".

Existem inúmeras propostas de classificação da interatividade em graus ou níveis, que vão desde sistemas bipolares (sim/não, alto/baixo etc.) até proposições complexas, com mais de dez alternativas, sistemas de pontuação e outras formas de quantificação.

Como aqui o objetivo principal não é classificar elementos ou sites interativos, será apresentada apenas a proposta do artista e pesquisador Roy Ascott, que é simples e ao mesmo tempo bastante eficiente. Nela, as experiências interativas são divididas entre triviais e não triviais. Na trivial, o receptor opta por caminhos contidos na obra/site, em um universo limitado de variáveis pré-definidas pelo autor/jornalista/designer. Já na não trivial, o receptor pode acrescentar informações à base já disponível. O sistema é aberto e a obra – ou o site – está em constante transformação.

A (NÃO) INTERATIVIDADE NO JORNALISMO ON-LINE

Se levarmos essa classificação para os websites jornalísticos, concluímos que a maior parte dos recursos interativos existentes são triviais. Aí se encaixam, por exemplo, a navegação por **hiperlinks**, as enquetes, os testes, os especiais de multimídia (compostos por áudio, vídeo, galeria de fotos, conteúdos extras etc.).

Como exemplos de recursos não triviais, podemos citar os fóruns, em que os usuários registram suas opiniões sobre determinado assunto, e os **chats** (salas de bate-papo), que muitos sites de revistas segmentadas oferecem, com convidados famosos ou especialistas.

Mas todos os exemplos que levantamos ainda parecem pouco para o que pode ser a interatividade na internet. Afinal, estão muito próximos ao que os meios tradicionais oferecem, como uma mera transposição do conteúdo original para a web.

Se, por um lado, a web é um meio novo, por outro lado já poderíamos ter evoluído em relação à interatividade, pois há 11 anos produzimos para o meio digital. O que aconteceu, então?

Vamos resumir a história para entender. Os primeiros sites de jornais foram lançados entre 1995 e 1996. Entre os pioneiros estavam *O Estado de S. Paulo*, cuja Agência Estado transmitia informações financeiras por meio de ondas de rádio desde o início dos anos 1990, o *Jornal do Brasil*, do Rio de Janeiro, e o *Jornal do Commercio*, de Recife.

Na sequência, grandes empresas como grupo Folha, grupo Abril e organizações Globo tiveram de se adaptar à nova realidade e buscar uma maneira de agregar a internet aos seus negócios.

Nos sites – tanto jornalísticos quanto de entretenimento – houve um *boom* de multimídia no início do século XXI, quando todas as páginas da internet foram superpovoadas por imagens piscando e um excesso de vídeo e áudio, mesmo quando seu conteúdo era dispensável ou repetitivo.

Depois, foi a onda das introduções em **Flash**, também com imagens em movimento, que muitas vezes tornavam o site mais pesado e pouco acrescentavam em termos de informação.

Até que, em abril de 2000, vivemos o estouro da bolha, quando o mercado digital sofreu com a reavaliação dos valores financeiros dos sites e com a fuga dos investidores. Isso afetou praticamente todas as empresas de tecnologia e também as jornalísticas. Equipes reduzidas, equipamentos vendidos e fechamento de sites tornaram-se fatos cotidianos.

E aí as iniciativas de criar conteúdos diferenciados – incluindo os interativos – foram por água abaixo. Para a professora da PUC-SP Pollyana Ferrari, a partir de 2001 o conteúdo dos websites foi gradualmente reduzido até o ponto de ser fornecido por um grupo restrito de fontes. Mais do que isso, a autora diz que "toda a internet sofreu um retrocesso. [...] Regredimos em design, em arquitetura da informação e, principalmente, em *cross media*".

Por outro lado, vemos uma tendência ganhando espaço: o jornalismo *open source* (fonte aberta), como parte da internet colaborativa. O exemplo atual mais significativo é a Wikipedia (www.wikipedia.org), enciclopédia baseada na web, com conteúdo livre (**wikis**), escrito por voluntários e patrocinada pela Fundação Wikimedia. Criada em 2001, possui mais de um milhão de artigos em inglês e também está disponível em diversas línguas, inclusive português.

Um dos principais autores sobre jornalismo *open source* é Dan Gillmor, autor de *We the media*. Para ele, o monopólio das "Big Media" (grupos empresariais de mídia) está se desmantelando e as notícias, que antes eram transmitidas como palestras, vão se transformar em conversas. O autor indica o surgimento de um "leitor transformado em repórter" que, não satisfeito com a maneira como recebe as notícias, publica conteúdo em tempo real na web. Apesar de ser um exemplo importante de interatividade não trivial, já que permite ao usuário inserir conteúdo em uma base de dados, não podemos ser românticos a tal ponto de pensar que a Wikipedia e o jornalismo digital estão se transformando em um terreno fértil de democracia narrativa. Esses sites possuem uma organização, uma instituição ou uma equipe responsável por sua criação, pela definição de layout e de formato. Além disso, apesar dos hiperlinks dispostos ao longo do texto, o design do site é bem simples e cansa o usuário, seguindo a tradição das enciclopédias de papel.

O que a Wikipedia e os blogs evidenciam é que cada vez mais um número maior de pessoas tem interesse e possibilidade de incluir conteúdo na web, sem precisar dominar tecnologias complicadas, fazer curso de computação ou ler manual de instrução.

Em um primeiro momento, os blogs não tinham fotos e eram visualmente pouco atrativos, seguindo padrões oferecidos pelos serviços de hospedagem. Agora, os blogueiros estão empenhados em criar telas mais criativas, com imagens, cores e um visual personalizado. Eles estão no caminho certo. Mas e os sites jornalísticos, o que estão fazendo a respeito?

HARD NEWS DIFÍCEIS

Para os sites de *hard news*, é mais difícil – mas não impossível – pensar em ambientes tridimensionais, personagens, câmeras e outros elementos que fazem dos jogos de computador e outras diversões da web experiências realmente interativas.

Uma das vantagens da internet sobre os outros meios (TV, rádio, jornal, revista etc.) é a velocidade com que é possível publicar uma notícia, muitas vezes superando o *timing* ao vivo da televisão, que depende de uma captação de imagem.

Nos primeiros anos de web, observamos uma corrida incessante em busca de uma avalanche de notícias. Os portais competiam entre si, em busca do maior número de manchetes ao final do dia. E a qualidade muitas vezes era suprimida pela quantidade, chegando ao cúmulo de se "matar" alguns cidadãos enfermos por antecipação. Talvez o fato de poder corrigir a informação a qualquer momento – sem depender de uma próxima edição a ser impressa na gráfica – também tenha reduzido a obstinação dos jornalistas da web pela apuração e pela checagem de informações.

O design foi prejudicado por essa corrida contra o tempo. É muito mais simples montar uma notícia como um texto comum e encerrá-lo com um **link** "veja mais" do que pensar em algo diferenciado, que realmente convide o usuário a participar, a colaborar, a interagir.

Vez ou outra, os portais e os sites jornalísticos lançam "especiais" ou "hotsites", reunindo conteúdo diferenciado sobre um assunto importante, como foi o caso do site da *Veja On-line*, que produziu um especial comemorando os 60 anos do fim da Segunda Guerra Mundial, em 2005. Textos, galerias de fotos, vídeos e outros materiais são dispostos de maneira diferenciada, permitindo ao usuário certa imersão no conteúdo hipermidiático. Mas, claro, sempre seguindo os caminhos delimitados pelo criador do site – e aí nos lembramos da interatividade trivial de Roy Ascott.

Mas, se nas *hard news* já concluímos que é mais difícil se inspirar nos *games* para criar websites, a situação muda de figura ao pensarmos nos sites jornalísticos segmentados ou temáticos, sejam eles originados de meios tradicionais (revista, jornal, TV etc.) ou não.

EXEMPLOS IMAGINÁRIOS

Para finalizar este capítulo, faço um exercício livre de imaginar o futuro ou mesmo de resgatar aquilo que já pensamos em 1999 ou 2000. Elejo três sites jornalísticos segmentados (que podem servir para adaptação de conteúdos de veículos tradicionais ou não, como cobertura de eventos, por exemplo), já que os de *hard news* são bem mais complicados de serem pensados sob essa ótica.

Várias ideias como essas chegaram a existir, mas numa época em que a tecnologia não oferecia, por exemplo, banda larga e boa definição de vídeo como temos em 2007.

São exemplos imaginários de como o jornalismo on-line pode ser mais divertido e interativo ao entrar no mundo dos *games*. E isso depende muito da disposição do jornalista de olhar para o novo, para a brincadeira das crianças, para a moda dos adolescentes.

1) Prove a sua casa (revista de decoração, caderno feminino de jornal etc.)

   Imagine o site de uma revista de decoração e arquitetura. Agora, esqueça a navegação padrão, os nomes dos canais enfileirados na barra superior ou na lateral esquerda. Pense no "Counter Strike" ou em qualquer outro jogo em primeira pessoa, simulando um ambiente tridimensional.

   O site é divido por ambientes. Um mapa inicial, como uma câmera panorâmica, indica onde é o quarto, a sala, o banheiro, o terraço, a cozinha, a área de serviço. Todos os cômodos de uma casa.

   Você entrou no site em busca de referências para decorar o seu quarto, principalmente porque quer ver modelos de cama. Clica no ambiente: um espaço simples, com os móveis óbvios que um quarto deve ter. Só que ainda sem muita cor, sem muito estilo, como se fosse um rascunho feito por arquiteto.

   Escolhe outra câmera, outro ângulo mais frontal e se aproxima de uma das paredes, onde, na vida real, fica posicionada a cama que você quer trocar. Clica sobre ela.

   Aparecem vários modelos de camas, que podem ter sido retiradas de matérias da revista ou fotografadas exclusivamente para o site. Estão divididas por tamanho, materiais, cores e estilos. Você pode "prová-las" no quarto virtual, e também combiná-las com outros elementos, como uma parede azul ou uma cortina laranja, seguindo o mesmo sistema de escolha.

   Pode ler detalhes sobre cada móvel escolhido e entrar em um catálogo de endereços virtuais, no qual encontrará modelos idênticos ou semelhantes aos que mais gostou. E, por fim, decide comprá-lo com o cartão de crédito em uma das lojas parceiras do site.

2) Tudo sobre seu cão (revista sobre cães/animais, programa de TV etc.)

Ao entrar no site, você vê um cachorro simpático, como um labrador. Mas tem a opção de escolher outro, caso não se identifique com essa raça de cão. Prefere um *pit bull*? Um *poodle*? Um são-bernardo?

O ambiente 3D é uma casa de cachorro. Você move o seu avatar pela tela e vai caminhando "com suas próprias patas" pela casa. Por meio de sinalização clara e interativa nos próprios objetos (comedor/pote de ração, outros cães, pulgas, coleira etc.), janelas menores vão se abrindo com textos e/ou vídeos sobre assuntos relacionados a cada item: alimentação, saúde, adestramento, como escolher acessórios, características de cada raça, classificados de compra e venda, doações e "namoros" etc.

O conteúdo é atualizado e o visual também, permanecendo apenas o pilar de que o avatar é um cachorro, já que o animal é o "melhor amigo do homem". Assim, o site cativa os usuários, que interagem e permanecem conectados.

3) Você é a modelo (revista feminina, cobertura de evento de moda etc.)

O que vemos hoje na maioria dos sites de moda é uma coleção de textos e fotos. Sim, em alguns há vídeos de modelos nas passarelas. Apesar de não ser jornalismo on-line, o site da grife italiana Prada (www.prada.com) é um ótimo exemplo de como a moda pode estar tão à frente quando o assunto é tendência e tão atrás quando o tema é web. O conteúdo de Prada na internet é apenas uma foto. E mais nada. Sem informações, coleções, fotos, vídeos, lojas, países, *press releases*. Nada.

Voltamos para o nosso site interativo de moda inspirado no mundo dos *games*. O gráfico é uma passarela e o avatar é uma modelo. Você a customiza. É ela quem vai apresentar as novidades da moda, os *looks* da estação, os acessórios mais indicados para essa ou aquela ocasião, as matérias de comportamento. Alguns textos, outros vídeos.

E o mais importante: ela veste as roupas. Você observa, ainda que idealmente, o caimento daquela calça com aquela camisa. Caminha pela passarela. Tudo ao seu comando.

REFERÊNCIAS BIBLIOGRÁFICAS

ALERIGI, Alberto Jr. iG faz acordo para ter Second Life no Brasil. INFO *Online*. São Paulo, 4 dez. 2006. Disponível em: <http://info.abril.com.br/aberto/infonews/122006/04122006-7.shl> Acesso em: 22 jan. 2007.

ASCOTT, Roy. The A-Z of interactive arts. *Leonardo Electronic Almanac*. São Francisco: MIT Press, v. 3, n. 11, nov. 1995. Disponível em: <http://mitpress2.mit.edu/e-journals/LEA/ARTICLES/ASCOTT4.html>. Acesso em: 9 jul. 2005.

FERRARI, Pollyana. *Jornalismo digital*. São Paulo: Contexto, 2003.

GILLMOR, Dan. *We the media*. Sebastopol, Califórnia, 2004.

MURRAY, Janet H. *Hamlet no Holodeck*: o futuro da narrativa no ciberespaço. São Paulo: Unesp/Itaú Cultural, 1997.

NIELSEN, Jakob. *Designing web usability*. Los Angeles: New Riders, 2000.

PACKER, Randall; JORDAN, Ken (ed.). *Multimedia:* from Wagner to virtual reality. Nova York: Norton, 2001.

PLAZA, Julio. *Arte e interatividade:* autor-obra-recepção. 2000. Disponível em: <http://www.plural.com.br/jplaza/texto01.htm>. Acesso em: 8 nov. 2003.

SANTAELLA, Lucia. *Navegar no ciberespaço:* o perfil cognitivo do leitor imersivo. São Paulo: Paulus, 2004.

TAVARES, Monica. *A recepção no contexto das poéticas interativas*. São Paulo, 2000. Tese (Doutorado) – Escola de Comunicações e Artes, Universidade de São Paulo.

A LINGUAGEM AUDIOVISUAL DO HIPERTEXTO

O *game*, no contexto deste capítulo, pertence ao universo da **hipermídia**, isto é, está circunscrito à perspectiva da linguagem hipermidiática. Mas a hipermídia aqui é vista como um audiovisual, um meio e uma linguagem, e faz uso do som e da imagem para comunicar. Portanto, a grande premissa para todo este capítulo é a de que todo *game* é um meio de comunicação audiovisual, assim como o é o cinema, a televisão, o vídeo.

O historiador holandês Johan Huizinga (1872-1945) defendia, desde 1903, a nossa espécie como *Homo ludens*, tendo em vista o jogo como um fator distinto e fundamental, presente em tudo o que acontece no nosso universo cultural. Atualmente o *game* de computador e console está plenamente disseminado e reconhecido como um dos maiores mercados do mundo.

Preocupa-se aqui com a relação entre cinema e *game* no âmbito do uso da expressividade audiovisual do primeiro, absorvida cada vez mais pelo segundo. Audiovisual, conforme Gianfranco Bettetini, pesquisador de comunicação da Universidade Católica de Milão, é uma obra que tem por finalidade a troca de informações através da audição e da visão. O audiovisual é encontrado em meios como a televisão, o cinema sonoro, o vídeo, a multimídia, a computação gráfica, a hipermídia, o *game*, o hipertexto e a realidade virtual.

Há uma inserção social muito acelerada de produtos em hipermídia, especialmente pela **web** e pelo *game*. Estatísticas levantadas nos Estados Unidos sobre o crescimento de usuários dos meios de comunicação de massa mostram que, para atingir o número de 50 milhões de usuários nos Estados Unidos, o rádio levou 38 anos; a TV de sinal aberto levou 13 anos; a TV paga levou 10 anos; e a internet levou apenas 5 anos. Na Europa, a TV digital interativa levou menos de 5 anos para atingir tal público. Esta estatística é semelhante para a evolução da TV digital interativa no Brasil a partir de sua oficialização, em 2006. Cabe, aqui, deixar registrado que a relação entre TV digital interativa e *game* é inevitável e que o *game* foi uma das primeiras experiências de interatividade na programação de TV convencional.

A **narrativa audiovisual** já é um campo vastamente estudado. No que diz respeito ao *game*, já se avista um movimento no sentido da conscientização da importância em investimentos maiores no desenvolvimento de sua narrativa e de seu roteiro.

Sendo assim, por ser o audiovisual um meio de extremo poder de inserção, e pelo que se nota o *game* já é um grande campo de trabalho e de estudo, e por ser o *game* tão audiovisual quanto o cinema, e por ser o cinema uma linguagem já tão estudada, o que vem, a seguir, é um estudo que busca desvelar e relação entre cinema e *game*, do ponto de vista da narrativa audiovisual.

A NARRATIVA NAS NOVAS MÍDIAS

A hipermídia já dava os seus primeiros passos antes mesmo de o texto se tornar digital e ganhar conexões em forma de hipertexto. A hipermídia teve seus ancestrais: os chamados "proto-hipermídias", sistemas compostos por mais de um meio de comunicação e que possibilitam, de certa forma, o acesso não linear. David Kolb, filósofo norte-americano, lembra que a obra *Finnegan's Wake*, de James Joyce, muitas vezes é citada como um proto-hipertexto.[1]

Da mesma forma como aconteceu com o computador, a hipermídia nasceu da soma dos desenvolvimentos tecnológicos e estéticos. Hipermídia e multimídia são conceitos utilizados até hoje para designar, também, uma região no cenário cultural na qual se manifestam vários trabalhos que utilizam as novas mídias, os meios digitais com mais de uma mídia. Em arte, entretenimento, ciência e comunicação ocorrem encontros de técnicas e tecnologias que da síntese das linguagens resulta em uma forma de expressão inteiramente nova. Tais encontros são os verdadeiros responsáveis pelo que a hipermídia é hoje, assim como pela constituição do meio e da linguagem de hipermídia.[2]

ELEMENTOS BÁSICOS DA NARRATIVA PARA *GAMES*

A concepção geral que se encontra em toda experiência com narrativas, nos mais diversos meios de comunicação, é a de que ela depende, basicamente, de dois elementos fundamentais: os personagens e as ações. Compreende-se que há uma certa variedade de formas narrativas que vão desde a delimitação fixa dos personagens e ações, pré-definidas pelo autor, até a liberdade limitada de controle pelo jogador dos personagens e ações como, por exemplo, em um *game* do tipo RPG.

Sabe-se que a narrativa é um exercício comum e no mundo ocidental ela se desenvolveu por civilizações e processos milenares nas experiências teatrais desde a antiga Grécia. E que o roteiro de um *game* está intrinsecamente relacionado com a narratividade. Estudando os mais diversos *games*, identificam-se dois grandes grupos de narrativas: os *games* que se desenvolvem em uma situação espacial restrita a um plano determinado e intransponível, em que alguns personagens se enfrentam como nos jogos de luta, e que tem como origem a tragédia grega; e os *games* que se desenvolvem em uma situação geográfica irrestrita, em diversos planos transponíveis, desde que vencidos certos desafios, nos quais o jogador passa por um tipo de evolução, o que corresponderia ao épico na narrativa da Grécia antiga.

Pode ser muito proveitoso para o roteirista de *game* atentar para as considerações de Bertold Brecht (1898-1956), um dos maiores dramaturgos do século XX. Ele propôs uma representação épica no palco em oposição à representação dramática. Cada categoria narrativa teria as seguintes características: a forma dramática seria constituída por ação, envolvimento do espectador, catarse, despertar emoções, condição humana imutável, progressão linear, sentimento; já a forma épica seria estabelecida por narração, espectador crítico, estímulo mental, propor tomada de decisão, humana mutável, montagem de cenas, razão. Isso pode colaborar com uma série de dilemas que o roteirista pode enfrentar durante o seu labor porque enquanto a primeira é um estímulo mental, a segunda conduz o espectador a uma ilusão de realidade. O roteirista de *game* pode necessitar desenvolver uma narrativa em um ambiente restrito, *imutável*, na forma dramática, ou promover o deslocamento, a *mutação* do **protagonista**, como na forma épica.

A interpretação menos teatral, mais contida e menos narrada foi a marca do cineasta norte-americano David Wark Griffith (1875-1948), que também foi ator de teatro no início de sua carreira. Assim, faz-se válida para o *game* a constituição da obra por personagens interpretados por pessoas, reais ou sintetizadas, que não utilizam a imposição dramática do teatro tradicional. *Games* de luta são em geral muito dramáticos, já o "The Sims" não tem esta característica tão claramente definida. "The Sims" está na categoria ou gênero de simulação em jogo de computador. Lançado em janeiro de 2000 pelo designer norte-americano Will Wright, o jogo possibilita que se crie e dirija vidas e cenários virtuais. É o maior sucesso em vendas de *game* desde o seu lançamento. Do mesmo criador é o *game* "Spore", com semelhante princípio de conduzir o relacionamento entre personagens, mas ampliado para o domínio da criação e intersecção de universos. Tão poderoso quanto os dois *games* citados, há o "Façade", criado por Michael Mateas e Andrew Stern, pesquisadores da University of Califórnia. "Façade" é o drama interativo de um casal, em que o usuário toma um personagem e interage com o outro municiado de frases acionadas por inteligência artificial.

Talvez trabalhar sem a estrutura dramática do teatro tradicional seja a chave da opção de David Wark Griffith. Por outro lado, o efeito atingido foi o de ampliar a identificação do público com o personagem porque na estrutura épica ele obrigatoriamente se desloca e leva consigo o espectador para outros mundos.

Na maioria dos casos, encontra-se no *game* uma distinção entre as duas estruturas narrativas. O confronto entre dois personagens está para o dramático. O caminho que o usuário percorre e as suas ampliações de possibilidades estão para o épico. Nos *games* de luta, o confronto dramático entre dois personagens é o todo do jogo, e tudo se passa em um ringue. Em outros gêneros de *games* como os de esporte, ação, simulação e estratégia, o desenvolvimento épico é o grande diferencial; mesmo que haja um combate na maior parte do jogo, o que importa é o deslocamento e a habilidade estratégica de superar barreiras. O *game* ainda tem mais um potencial que é similar a um outro potencial muito caro ao cinema desde antes de Griffith: o fim do "teatro filmado", da câmera fixa diante de um palco. Os movimentos de câmera são a garantia de que o usuário reconhecerá o deslocamento do personagem do *game*; é o plano-sequência de uma câmera que se move ininterruptamente pela paisagem que confere a sedução pelo dinamismo da imersão do usuário juntamente com o protagonista do *game*.

EVOLUÇÃO TECNOLÓGICA COMO AMPLIADORA DA NARRATIVA

Em 1991, o *game* para computador se uniria ao RPG, criando o "Role-playing game **on-line**", que originalmente é um jogo no qual os participantes escolhem quais personagens irão interpretar. O roteiro só é conhecido pelo mestre, que é o jogador que coordena o *game*. Na Xerox Palo Alto Research Center (Parc), nascida em 1970 como a área de pesquisa da Xerox Corporation, em Palo Alto, Califórnia – EUA – onde foram desenvolvidas inovações em computação como a interface gráfica dos computadores pessoais (GUI), mouse e impressora a laser –, Pavel Curtis criou o ambiente de "Role-playing game on-line", o LambdaMOO (a partir da Telnet). Este, baseado em um texto da década de 1970 chamado *Dungeons & Dragons* (que foi transformado em *game*), é visto por alguns teóricos como o início de uma nova forma de literatura, performance ao vivo, cinema e narrativa interativa.

Os investimentos em tecnologia permitem também um investimento maior em roteiro. Em 1998, a Twentieth Century-Fox Film Corporation lançou o "The X-Files game". Foram oito os roteiristas envolvidos na realização do *game*. Foi gerado quase que totalmente a partir das imagens em vídeo e desenvolvido por diversos profissionais que já haviam participado da realização dos episódios da série de TV de mesmo nome, exibida a partir de 1993 e criada por Chris Carter – que roteirizou e coproduziu o filme para o cinema em 1998 e é criador de séries para a TV. O *game*, composto de sete CD-ROOMS, foi orçado entre US$ 5 milhões e US$ 7 milhões e desenvolvido durante um período de mais de quatro anos.

O argumento de *game* foi construído com base em uma ideia de Carter. Frank Spotnitz, que escreveu e foi o coprodutor executivo de alguns episódios da série e coargumentou e coproduziu o filme, foi o editor do roteiro do *game*. Jon Joffin, que dirigiu a fotografia de alguns episódios da série, também dirigiu a fotografia desse *game*. Mark Snow foi coautor da música original da série e coautor da música do *game* com Paul Hiaumet. O design do *game* coube a seis profissionais, entre eles Greg Roach, creditado como diretor-geral, designer-geral e diretor de criação pela HyperBole Studios. A edição das imagens coube a quatro profissionais. A programação foi conduzida por Pete Isensee e Melanie McClaire, desenvolvedores de *games* da HyperBole Studios. Há uma clara tendência em enfatizar o trabalho de alguns profissionais nos créditos do *game*, especialmente os roteiristas e os programadores, esses em número de oito também. Pelas informações da HyperBole, Kara Costa foi responsável pela pós-finalização do vídeo para a adequação ao *game*.

O "The X-Files" é um exemplo pelo qual se constata que há uma valorização maior do trabalho de profissionais que têm relevância em campos, a princípio, distintos: o cinema e o *game*. O roteirista de cinema é reconhecido como um dos responsáveis pela qualidade de um filme. Para o *game*, o programador é um dos responsáveis pela qualidade. Em se tratando, porém, de uma obra hipermidiática de grande porte, como é o caso do *game* "The X-Files", o roteirista ou a equipe de roteiristas passam também a ter uma posição de destaque entre os profissionais que a realizaram.

ALGUNS CONDICIONANTES DA NARRATIVA PRESENTES NOS JOGOS DE COMPUTADOR

O desenvolvimento narrativo proposto pelo roteirista do *game* é submetido a condicionantes que o reorientam conforme o conceito de "interatividade contínua". Defendido por Brenda Laurel – designer norte-americana que pesquisa a narrativa interativa –, o conceito é definido pelas variáveis de frequência (com qual frequência há interação), alcance (quantas escolhas são disponíveis) e significância (o quanto as escolhas afetam os conteúdos). Janet H. Murray, autora do livro *Hamlet on the holodeck: the future of narrative in the cyberspace* e diretora da Graduate Studies School of Literature Communication and Culture da Georgia Institute of Technology, ratifica a reflexão quando diz que tanto ficção quanto não ficção frequentemente exigem muitos cliques supérfluos para que o usuário possa atingir um destino desejado.

Ao ampliar sua reflexão, Laurel alia o conceito de interatividade contínua ao conceito da primazia da ação desenvolvida a partir das ideias de transparência de Sussane Bødker – pesquisadora dinamarquesa – e de envolvimento direto de Donald Norman – pesquisador em ciência cognitiva e usabilidade da Universidade da Califórnia. Assim, o relacionamento com a interface do *game* seria uma atividade cognitiva e prioritária em atividades humano-computador, o que configura o computador como um meio e não como uma ferramenta, que não interromperia a imersão do usuário. Significa, em condições ideais, envolver o usuário de tal forma que ele não perceba que existe uma interface – então invisível – entre ele e a história da qual está participando. Para Norman, a interface da tela e a interface física do computador deveriam ser completamente invisíveis. É como o que acontece quando se assiste a uma peça no teatro ou a um filme no cinema com propostas de ambientação e encenação realistas, quando, em geral, não se percebe a presença de todos os aparatos que compõem o teatro e suas instalações, ou o cinema, com sua tela, as caixas de som, o projetor etc.

OPACIDADE E TRANSPARÊNCIA DAS NARRATIVAS

Vale ressaltar que a análise do parágrafo anterior é dirigida aos filmes e peças teatrais que se esforçam em levar o espectador a não prestar atenção para mais nada além da história, como foi dito. É claro que muitas vezes a história se mostra ao espectador do modo como foi feita, promovendo uma quebra do realismo, alterando a percepção do espectador de modo a refletir sobre a estrutura da realização da obra e, por consequência, a estrutura de sua própria vida, projetando-se para além dos artifícios de ilusionismo. Entre os vários casos, desde Dziga Vertov, em *O homem com uma câmera*, passando por Federico Fellini, em *Oito e meio*, e François Truffaut, em *A noite americana*, o cinema sempre tentou falar de si, mostrar-se ao espectador, dar a ele instrumentos críticos para além da discussão da narrativa, para questionar sobre o potencial ilusório do cinema e de todos os outros meios de comunicação.

Dessa forma, o filme pode ser tanto aquele que promove a imersão quanto aquele que estimula a reflexão do espectador. Para o *game*, essa contraposição ainda é rara porque a obra hipermidiática, em geral, não investe na apresentação de sua estrutura de produção de ilusão. Como um *game* poderia ser anti-ilusório ou antirrealista? São questões das quais ainda veremos as respostas e seus desdobramentos, porque, possivelmente em breve, a exposição da estrutura de produção se tornará mais um elemento-chave da expressão em *game*, mesmo que isso seja contrário à sua especificidade de imersão. Mas talvez resida aí uma diferença conceitual que ainda nos impede de conhecer trabalhos que buscam quebrar a ilusão da arte hipermidiática. Se para o cinema, de acordo com teóricos como Ismail Xavier, a transparência, em oposição à opacidade, é a capacidade que o filme tem de ocultar o seu procedimento de realização ao espectador, para a hipermídia, conforme Laurel, Bødker e Norman, a invisibilidade, ou opacidade, é a capacidade de a interface da tela e a interface física do computador não serem percebidas pelo usuário, garantindo, assim, a sua imersão e fluxo contínuo pelas telas.

Ao utilizar a comparação cinema e hipermídia ao longo do seu livro, o escritor norte-americano Steven Johnson esboça sua previsão para o futuro da hipermídia ao comparar como foi a receptividade do público, em 1902, ao filme *Viagem à Lua*, de Georges Méliès, e o quanto esse mesmo público se espantaria se visse, em 1999, um filme como *Matrix*, dos irmãos Andy e Larry Wachowski. Como o que acontece hoje com as pessoas que se encantam ao jogar um *game* em três dimensões, como o "Prince of Persia 3D", e o que acontecerá com esse mesmo público quando jogar um *game* no final do século XXI. Os atuais usuários de *games* não podem imaginar qual aparência terão os sucessores daqueles que conhecem e nem como será jogá-los, visto que as capacidades exploratórias dos jogos começam a ser ampliadas por outros campos perceptivos, como o tato, o olfato etc.

NARRATIVA CLÁSSICA DO CINEMA NO *GAME*

Entre as formas narrativas, há aquela convencional, estritamente linear, que narra a história passo a passo, com um momento após o outro na sua ordem cronológica e que é amplamente explorada tanto pelo cinema quanto pelo *game*.

O cinema nascido, como hoje conhecemos, em 1895 teve uma progressão em seus formatos para o que se chama de narrativa clássica. Consolidada pelos grandes pioneiros cinematográficos norte-americanos Edwin Stratton Porter e David Wark Griffith, a narrativa do cinema chegava em 1915 com características muito comuns entre os filmes daquela época, como: movimentos de câmera, rigor do equilíbrio no enquadramento, grandes planos gerais, interpretação teatral mais contida valorizando os enquadramentos, entre outras. O *game* tem em suas narrativas todos esses componentes. Ocorre, porém, que a narrativa audiovisual do cinema evoluiu para outras possibilidades que o *game* acompanha na medida do possível, conforme veremos a seguir.

PLANO-SEQUÊNCIA DO CINEMA PARA O *GAME*

Há um elemento em narrativa audiovisual que foi aplicado desde o início do cinema e dos *games*: o plano-sequência. Ele é o registro sem interrupções por uma câmera em movimento. Desde as primeiras filmagens, no final do século XIX, a câmera era colocada sobre veículos – terrestres, marítimos e, posteriormente, os aéreos –, fazendo com que o cinema apresentasse uma descrição detalhada de locações geográficas ou de atividades humanas em ambientes fechados.

O plano-sequência evoluiu ao receber um apoio tecnológico de ponta, de acordo com James Monaco, escritor norte-americano especialista em cinema e novas mídias. O steadicam é um colete utilizado pelo operador com suporte para câmera preso e um sistema de compensação de choque por um contrapeso hidráulico, muito útil para movimentar a câmera por espaços estreitos que não permitiriam a passagem do tripé e para simular o ponto de vista de um personagem em movimento. Esse tipo de posicionamento de câmera também é chamado de câmera subjetiva, ou *point-of-view*, ou, ainda, para o *game* é chamada de câmera em primeira pessoa. De acordo com David Bordwell, um dos mais reconhecidos teóricos de cinema da atualidade e professor da University of Wisconsin-Madison, a câmera subjetiva é utilizada desde 1902. Há um filme que é referência porque utilizou a câmera subjetiva em 100% de suas imagens. Robert Montgomery dirigiu o filme *A dama do lago*, em que todos os seus planos são o ponto de vista do narrador da história, que é, ao mesmo tempo, o protagonista.

O steadicam foi utilizado pela primeira vez em 1975, pelo diretor de fotografia Haskell Wexler, para o filme *Esta terra é minha terra*, dirigido por Hal Ashby. Em 1980, o equipamento seria brilhantemente utilizado pelo diretor de fotografia John Alcott para o longa *O iluminado*, dirigido por Stanley Kubrick. Assim, o steadicam é lembrado pelos *games* que utilizam o ponto de vista do usuário como os "jogos de tiro", tendo entre seus exemplos mais reconhecidos o "Doom", o "Quake" e o "Medal of Honor".

COMPLEXIDADE NARRATIVA

Ao final da década de 1910, assistindo a muitos filmes norte-americanos para conhecer outras possibilidades de câmera subjetivas e saber por que faziam sucesso mundial, o cineasta soviético Lev Kulechov observou um dos princípios básicos da **decupagem** clássica: para diminuir o tempo e resolver a complexidade de cada plano, a câmera é posicionada apresentando o plano para o espectador de modo rápido, simples e inteligível. A narrativa cinematográfica estaria, assim, preparando o terreno para evoluções mais ousadas, o que possibilitaria narrativas mais complexas que conhecemos hoje no cinema e no *game*. O princípio da decupagem clássica é um fator importante em *games*.

A narrativa de *games* de simulação social, como o "The Sims", depende intensamente do posicionamento de câmera de uma organização espacial de modo a mostrar na tela a situação dramática com clareza. Mas assim como no "The Sims", no cinema também existe um aumento de complexidade quando um único plano apresenta duas ou mais ações dramáticas simultâneas, como segue.

MONTAGEM NO PRÓPRIO PLANO

Em 1940, a **profundidade de campo** foi aplicada com primor, graças ao novo desenvolvimento de uma objetiva cujas lentes permitiam foco em um alcance maior, como no filme *Cidadão Kane*, de Orson Welles. O diretor de fotografia, Gregg Toland, que também viria a fazer uma excelente exploração da profundidade de campo no filme *Os melhores anos de nossas vidas*, desenvolveu a técnica *pan-focus*. Ele afirmou que, com muita iluminação para o filme, e com uma objetiva de 24 mm em abertura f:16, obteve foco de 2 pés ao infinito, e com uma objetiva de 28 mm em abertura de f:8 obteve foco de 4 pés a 50 pés. Isso possibilitou a Welles preencher o espaço da tela com mais informação em foco e desenvolver narrativas simultâneas com melhor definição em um mesmo enquadramento.

O espectador poderia escolher para onde olhar e tirar suas impressões de forma mais particular e mais acurada do que quando assistia a filmes cuja distância entre as imagens em foco na tela era menor. Equivale dizer que, antes de *Cidadão Kane*, a maioria dos espectadores era mais motivada a ver quase que as mesmas imagens em uma tela de cinema e, principalmente, na mesma sequência. Portanto, para alguns autores, como teórico alemão Birk Weiberg, o filme é também um meio de expressão que promove uma experiência não linear no cinema. O roteirista de hipermídia Jonathon Delacour afirma que os *games* "The 7th Guest" e "Myst" têm muitas de suas telas inspiradas no trabalho de profundidade de campo de Gregg Toland para o filme *Cidadão Kane*.

O filme *Playtime*, de Jacques Tati, 1967, tem outro tipo de exploração intensa de narrativas simultâneas em uma mesma tela: durante os seus 155 minutos, poucos planos são de apenas uma narrativa. Aqui as narrativas simultâneas audiovisuais fazem com que o olhar do espectador percorra a tela sem cessar, na expectativa de encontrar outra ação e outra fonte de sonoridade além daquelas destacadas em primeiro plano, contribuindo para a reafirmação do tema do filme, que trata do choque social das novas tecnologias, embora ainda fossem eletrônicas.

Uma grande parcela dos *games* trabalha com montagem de várias narrativas em um mesmo plano. Isso permite que o usuário tenha uma visão mais precisa dos detalhes em cada plano da tela. Porém, tal rigor com a definição da imagem chega mesmo a limitar o realismo das imagens, impedindo que certas insinuações visuais sejam levadas ao usuário.

ELIPSE

Como forma narrativa por elipse, ou *match-cut*, tem-se um salto no tempo, um deslocamento temporal para o futuro, um dispositivo que liga duas cenas discrepantes pela repetição de uma ação, ou uma forma, ou a duplicação de situações de encenação, como a elipse em *2001: Uma Odisseia no Espaço*, de Stanley Kubrick, cuja passagem do osso pré-histórico girando no ar para uma estação espacial do século XXI rotacionando no espaço "é possivelmente a mais ambiciosa elipse da história".

Em *game*, a elipse é um recurso facilmente disponibilizado ao jogador porque, na grande maioria dos casos de passagem de uma tela para outra, há uma transição direta sem que se observe uma trajetória gradual e sem que se veja obrigatoriamente a continuidade de alguns elementos pertencentes ao conteúdo anterior para o novo conteúdo. É uma das opções mais oferecidas ao usuário no *game* "The X-Files", permitindo ao jogador mudar sua localização espacial no *game* como se fosse um salto no tempo.

DESENVOLVIMENTO NARRATIVO

Entre tantos autores como Robert A. Berman, teórico e roteirista norte-americano, conhecer o processo de roteirização do cinema significa estudar os sete elementos primários do drama:

> História e suas regras básicas da dramaturgia: "o conflito é a base de todo drama".
>
> *Plot* (estrutura dramática): é toda a sequência dos conflitos principais da obra que constroem a narrativa.
>
> Cenas: é o que define uma situação espaço/temporal da outra.
>
> Personagens: é conhecer os seus fatos básicos, especialmente do protagonista, que deve ser único, em todas as suas dimensões – a fisiológica, a sociológica e a psicológica.
>
> Diálogo: um trabalho que requer um envolvimento das etapas de narrativa dos personagens.
>
> Ação emocional: é o desenvolvimento do drama em que os conflitos e suas superações se dão entre os personagens no diálogo e nos estados emocionais interpretados pelos atores.
>
> Ação física: é o desenvolvimento do épico em que os conflitos e suas superações se dão entre os personagens nos enfrentamentos e nos deslocamentos espaçotemporais.

No caso do roteiro para *game*, certamente esses elementos primários do drama para a roteirização são imprescindíveis na realização de um *game*. O processo de produção de um roteiro no campo audiovisual não linear, como é o *game*, se aproximados e ampliados os postulados de atividades do roteirista citados acima, pode ser definido, do ponto de vista deste estudo, pelas seguintes etapas à parte, por certo, das atividades de marketing e comercialização. As etapas sugeridas, tanto para a roteirização quanto para o design e a autoração, apresentam-se em um formato não obrigatório e não são necessariamente sucessivas, podendo até mesmo ser concomitantes. Elas vão além do processo de roteirização, e muitas vezes não há uma distinção entre o profissional de roteiro, de design e de autoração.

Os itens mencionados são elementos de orientação de desenvolvimento narrativo de um *game*, não tornam o roteiro algo definitivo a ser seguido pelos realizadores do *game* e em nenhum momento se imagina que eles antecedam obrigatoriamente a realização do *game*, visto que, como se sabe, o roteiro é um organismo vivo suscetível a interferências e interferente em todas as outras atividades que compõem a criação e a execução da produção tanto de um *game* quanto de um filme.

NOTAS

1 David Kolb, 1997, p. 366.

2 Vicente Gosciola, Roteiro para as novas mídias: do *game* à TV interativa, São Paulo, Senac, 2003, p. 37.

REFERÊNCIAS BIBLIOGRÁFICAS

BERMAN, Robert A. *Fade-in*: the Screenwriting Process. Studio City: Michael Wiese, 1998.

BETTETINI, Gianfranco. *L'audiovisivo*: dal cinema ai nuovi media. Milão: Bompiani, 1996.

GOSCIOLA, Vicente. *Roteiro para as novas mídias*: do *game* à TV interativa. São Paulo: Senac, 2003.

HUIZINGA, Johan. *Homo ludens*: o jogo como elemento da cultura. São Paulo: Perspectiva, 1996.

JOHNSON, Steven. *Cultura da interface*: como o computador transforma nossa maneira de criar e comunicar. Rio de Janeiro: Jorge Zahar, 2001.

KOLB, David. "Sócrates en el laberinto". In: LANDOW, George P. (org.). *Teoría del hipertexto*. Barcelona: Paidós, 1997.

LANDOW, P. George. *Hyper/Text/Theory*. Cambridge: MIT Press, 1991.

LAUREL, Brenda. *Computer as theatre*. Reading: Addison-Wesley, 1998.

MONACO, James. *How to Read a Film*. Oxford: Oxford University, 1981.

MURRAY, Janet H. *Hamlet no holodeck*: o futuro da narrativa no ciberespaço. São Paulo: Unesp/ Itaú Cultural, 2003.

SALT, Barry. *Film style & technology*: history & analysis. Londres: Starword, 1992.

XAVIER, Ismail. *O discurso cinematográfico*: a opacidade e a transparência. São Paulo: Paz e Terra, 2005.

[illegible]

NOTAS

1 Koch, 1992, p. 66.

2 [illegible]

[illegible]

ELEMENTOS DAS NARRATIVAS DIGITAIS

Toda mídia nova passa por uma fase de transição. O cinema em seus primórdios era simplesmente uma câmara registrando a encenação de uma peça. Janet Murray, autora de *Hamlet on the Holodeck*, descreve a transformação do conteúdo de uma mídia para uma nova mídia como um "processo evolutivo". Num seminário em 2001, ela demonstrou – a partir de uma série de clipes que começam com a filmagem de um trem de 1885 feita pelos irmãos Lumière, para o filme *O grande roubo do trem*, de 1905, e vai até uma cena do filme *The Stationmaster's wife*, de 1976, de Fassbinder – a evolução na técnica de filmagem e na tecnologia que precisou ser desenvolvida para concretizar o potencial do conteúdo criado para o novo meio digital. Segundo ela, "Essas novas convenções que a **web** exige ainda estão sendo desenvolvidas".

No início, as notícias de televisão eram simplesmente reportagens de rádio lidas ante uma câmara. Levou anos para o aprimoramento de novas técnicas que tirassem proveito da nova mídia: filmagem com várias câmaras, tomadas ao vivo, vídeos gravados, fotos e gráficos.

Além disso, para as novas práticas e técnicas tornou-se necessário um novo vocabulário. O filme estabeleceu uma gramática de mídia audiovisual: plano geral, foco suave, close, zoom, plano de acompanhamento, corte.

Essa terminologia forneceu uma especificidade à técnica, permitindo aos cineastas informar como uma sequência tinha sido criada.

Quando lhe perguntaram se "Pode haver novas formas significativas de narrativas na nova mídia digital", Janet Murray respondeu que "Sim, porque ela tem propriedades de expressão próprias: enciclopédica, espacial, processual, participativa". Ainda que haja alguns exemplos de convenções de narrativa digital que tiram proveito dessas propriedades, a maior parte das matérias digitais usa convenções e dimensões do passado. Além disso, o vocabulário usado para descrever essas convenções é impreciso e aberto a inúmeras interpretações.

Sheizaf Rafaeli, autor de alguns dos primeiros trabalhos sobre interatividade, definiu-a assim: "Uma expressão da medida que, numa dada série de trocas de comunicação, cada transmissão (ou mensagem) futura refere-se ao grau a que trocas anteriores se referiam a transmissões ainda mais antigas". Muitos pesquisadores desde então[1] seguiram nessa trilha definindo interatividade como uma função de comunicação. Por exemplo, Cho e Leckenby[2] a definem como "interação entre usuários e computadores" e Roeham e Haugtvedt[3] a definem como "diálogo em tempo real" em que tanto o usuário quanto o web site desempenham o papel de emissor e receptor.

A interatividade também foi usada para designar o controle do usuário sobre a experiência de influenciar a ordem em que a informação é apresentada. Para Jonathan Steuer, autor do livro *Defining Virtual Reality: Dimensions Determining Telepresence*, a interatividade pode ser definida como "a medida que será possível aos usuários modificar fisicamente (ou manipular) a forma e o conteúdo de um ambiente mediado pela tecnologia".

Em 1988, Rafaeli escreveu que "Interatividade é um termo amplamente usado com um apelo intuitivo, mas é um conceito sem definições precisas".[4] Tentativas de conceituar, quase 15 anos mais tarde,[5] mostram que ainda não existe uma definição inteiramente aceita para o termo. Para tratar da questão de falta de especificidade e superar a imprecisão do termo "interatividade", nós desenvolvemos uma **taxonomia** para as narrativas digitais. Essa taxonomia divide atributos específicos da narrativa digital em cinco "elementos": mídia, ação, relacionamento, contexto e comunicação. A maior parte desses elementos é herdada de outras mídias, mas uma combinação exclusiva de elementos no ambiente digital permite novas possibilidades narrativas.

IMPACTO DAS FORMAS NARRATIVAS DIGITAIS SOBRE A AUDIÊNCIA

Se por um lado os princípios e a linguagem utilizados na web estão bem estabelecidos, só agora se começa a pesquisar o impacto das formas narrativas digitais sobre a audiência. Existe um rico corpo de pesquisas examinando como as pessoas recebem e interpretam notícias impressas e televisionadas. É preciso que da mesma forma se examine como as diferentes formas de narrativas digitais afetam o público das notícias **on-line**. A taxonomia pretende ser útil na criação e na testagem de combinação de elementos usados na construção de narrativas on-line para determinar seu efeito nos consumidores de notícias on-line.

Discutirei, a seguir, os atributos específicos dos cinco elementos da narrativa digital e os primórdios de uma agenda de pesquisa para descobrir o impacto da narrativa digital nos usuários.

ELEMENTO 1: MÍDIA

Mídia refere-se aqui ao tipo de expressão usada na criação do roteiro e suportes da narrativa. A televisão usa vídeo, áudio e desenhos animados. Notícias impressas utilizam texto, fotos e gráficos estáticos. O ambiente digital permite ao narrador usar qualquer um ou todos esses tipos de mídia na apresentação de seus textos. Devemos examinar quatro aspectos diferentes no elemento mídia: configuração, tipo, ritmo e edição.

- A configuração diz respeito à combinação de mídias usadas por quem desenvolve o conteúdo. Textos, fotos, gráficos, áudio, vídeo e animação podem ser usados sozinhos ou combinados. São possíveis três diferentes configurações desses tipos de mídia numa narrativa on-line:
  - Conteúdo de mídia individual é o desenvolvimento de uma narração por intermédio de apenas uma mídia: texto, vídeo ou áudio são as formas de mídia típicas usadas on-line.
  - Conteúdo de mídia múltipla inclui dois ou mais tipos de mídia no pacote da narrativa, tanto como peça principal quanto como partes do contexto. Esses elementos de mídia se apresentam juntos, mas estão separados. Por exemplo, você pode clicar para ver a apresentação de *slides* ou vídeo, clicar para ouvir um segmento de áudio e rolar a barra de rolagem para ler o texto.

– Narrativas em multimídia utilizam dois ou mais tipos de mídia (por exemplo, imagens, texto) interligados numa apresentação perfeitamente articulada.

- O tipo identifica a mídia específica que está sendo usada: texto, gráfico, gráfico em movimento, desenho animado, foto, foto em 3D, foto panorâmica, web câmara, vídeo, vídeo em 3D, vídeo em 360 graus, áudio e vídeos com poder de imersão.
- Fluxo – considera se o tipo de mídia é ao vivo ou gravado. O conteúdo gravado é antigo. É assincrônico na exibição. O conteúdo ao vivo é exibido em tempo real. É sincrônico.
- Tempo/espaço refere-se ao grau de alteração ou edição que o conteúdo tem de sofrer. O conteúdo que é apresentado em sua totalidade e não foi resumido ou reorganizado pelo responsável pelo conteúdo é exibido em tempo real. O conteúdo que foi resumido ou reorganizado de alguma forma pelo responsável pelo conteúdo é um conteúdo previamente editado.

ELEMENTO 2: AÇÃO

As narrativas on-line têm um nível sem precedentes de combinações possíveis. *Ação* refere-se a dois aspectos distintos do desenho da narrativa digital: o movimento do próprio conteúdo e a ação requerida pelo usuário para acessar o conteúdo. Enquanto a mídia tradicional certamente tem elementos de movimento do conteúdo (vídeo) e ação requeridas pelo usuário para acessar o conteúdo (virar a página impressa), as narrativas on-line pedem diferentes modelos de ação. Animações instantâneas, apresentações automatizadas de slides e clicar para acionar o movimento do conteúdo são elementos exclusivos das narrativas digitais.

Para determinar a condição desses dois aspectos de ação pergunte a si mesmo:

– O conteúdo se move? Se a resposta for positiva, é um conteúdo dinâmico; se não, é estático.
– Você precisa fazer algo para fazer o conteúdo se mover? Se a resposta for positiva, ele é ativo; se não, ele é passivo.
– Existem inúmeras combinações possíveis entre movimento de conteúdo e ação do usuário: dinâmica/passiva, dinâmica/ativa, estática/ativa, estática/passiva. Em alguns casos, um conteúdo

pode começar como dinâmico/passivo com uma inserção de uma animação instantânea que aparece assim que uma página é acessada (abertura de um website), e em seguida há uma parada, aguardando a intervenção do usuário para deslanchar o resto do programa.

ELEMENTO 3: RELACIONAMENTO

O relacionamento entre o usuário do conteúdo e o próprio conteúdo é o foco do elemento 3. O aspecto que define a natureza desse relacionamento é a versatilidade. É possível interagir com o conteúdo sem ficar limitado a ler/assistir/ouvir a história? Em caso positivo, o conteúdo é aberto; em caso contrário, o conteúdo é fechado. Os elementos de relacionamento são aqueles que são conscientemente designados na produção da história pela pessoa que desenvolveu o conteúdo para dar ao usuário um certo tipo de experiência com o conteúdo.

O conteúdo aberto é manifestado numa combinação de cinco tipos:

1) É possível escolher a ordem na qual os segmentos da história são contados? Se for, o conteúdo é não linear; se não for, ele é linear.
2) É possível identificar os parâmetros informativos que se relacionam com o interlocutor ou seus interesses no conjunto total de informações? Se for, é customizável; se não, é padrão.
3) Quando se aciona uma resposta a uma questão ou levantamento, as respostas são registradas? Se são, o conteúdo é calculável; se não são, ele é não calculável.
4) O conteúdo é configurado para permitir que partes do conteúdo sejam movimentadas? Se a resposta for sim, ele é manipulável; se não, ele é fixo.
5) É possível acrescentar fisicamente alguma contribuição material ou guardar o conteúdo que foi manipulado? Em caso positivo, ele é expansível; se não, ele é limitado.

ELEMENTO 4: CONTEXTO

O contexto é definido como "Aquilo que circunda e dá sentido a alguma coisa". No caso das narrativas digitais, a habilidade de proporcionar conteúdo adicional, remetendo a outros materiais, é um traço poderoso. Isso fornece essa propriedade "enciclopédica" a que Murray[6] se referiu. Os jornais fornecem o contexto ao publicarem textos paralelos, mas as limitações de espaço os obrigam a reduzir o aporte de material de apoio. O contexto digital pode ser fornecido por meio de **links** com textos já publicados sobre o mesmo assunto, textos de outras fontes, ou textos sobre um tópico relacionado, ainda que não específico, da história que esteja sendo lida.

As seguintes questões determinarão o elemento "contextual" e a forma de sua operacionalização:

1) Os outros materiais são relacionados ou relevantes para a narrativa apresentada? Se são, a narrativa é hipermidiática, com uso de links; se não, ela é autoexplicativa.
2) Os links aos materiais paralelos estão colocados dentro da narrativa? Se estiverem, os links são embutidos. Os links colocados ao lado do texto principal são paralelos.
3) Os links são dirigidos para materiais criados ou mantidos pelo site que apresenta a narrativa? Se forem, são links internos; se não, são externos. Podem também ser uma combinação de links internos e externos.
4) Os links trazem material inteiramente diferente do que já está exposto? Se sim, eles são suplementares; se não, eles são duplicativos (por exemplo, um box com a transcrição de um discurso que tem um link para um arquivo de áudio do discurso). Também pode haver um misto de links suplementares e duplicativos. Roteiros narrativos de mídia múltipla têm uma combinação de links suplementares e duplicativos.
5) Qual é o objetivo do link? Se for fornecer material específico para a narrativa, é um link contextual. Se for fornecer material similar ao tópico narrativo, é um link relacionado (por exemplo, a narrativa sobre problemas governamentais no México pode ser remetido para outras narrativas da América Central). Se os links remetem a narrativas geradas pelo site, por ter rastreado as narrativas anteriormente selecionadas pelo usuário e determinou os tópicos de seu interesse, são links recomendados.

ELEMENTO 5: COMUNICAÇÃO

O elemento de comunicação diz respeito à habilidade de se conectar com os outros por meio da mídia digital. Para alguns, é esse aspecto de múltiplo alcance que torna único o ambiente digital, diferindo de mídias anteriores, porque se move de uma mídia de massa para um espaço de comunicação tipo um a um, ou um para vários ou vários para um.

Na mídia tradicional, havia meios de comunicação com os responsáveis pelo desenvolvimento do conteúdo. Conversas ao vivo com ouvintes de rádio ou presença do telespectador em espetáculos de televisão permitiam a participação do usuário. Cartas ao editor era outra forma de comunicação. A comunicação na web permite tanto a comunicação sincrônica quanto assincrônica, permitindo que a comunicação se torne parte permanente do conteúdo programático (veja elemento 1 – Tendência/Fluxo).

Estes são os aspectos da comunicação:

- Configuração: Exemplos de diferentes tipos de configurações de comunicação: Um a Um – fornecendo endereços eletrônicos para os repórteres para que os usuários do site possam contatar diretamente a pessoa. Um para Vários – um link para uma lista, permitindo à pessoa enviar uma mensagem que será lida por muitas pessoas. Vários para Um – estabelecendo um link de e-mail para respostas do público para um indivíduo (por exemplo, um link para "Diga a seu senador", que vai para o endereço eletrônico do senador). Muitos para Muitos: um link para uma sala de bate-papo.
- Tipo: Refere-se ao modo de comunicação estabelecido – Bate-papo em tempo real, mensagens para um fórum, colocadas numa área de comunicação do site, e-mail para comunicação direta com um indivíduo (ou para participar de uma lista de discussão, SMS (serviço de mensagens curtas) enviado para o responsável pelo conteúdo, por meio de um aplicativo móvel.
- Direcionamento: A comunicação pode ser ao vivo, como os bate-papos ou MSN, gravada, como as mensagens enviadas para os fóruns.
- Moderação: Refere-se ao grau pelo qual a comunicação é examinada pelos produtores do website. Comunicação sem moderação não tem supervisão; comunicação moderada é editada ou revista antes de publicada.
- Objetivo: Há três razões para que um link de comunicação seja estabelecido por um website de notícias: troca de informações, registro e comércio.

DISTINÇÕES REFINADAS DOS ELEMENTOS

À medida que as formas narrativas de mídia se tornam mais complexas e certos estilos ficam mais estabelecidos, haverá necessidade de um detalhamento maior na descrição da narrativa digital. A variedade de mostras de fotografia nos websites, por exemplo, vai de simples molduras com um "clique para avançar" para revelar a nova imagem a exibições dinâmicas com áudio adicionando contexto às imagens apresentadas. Alguns mostram as imagens em sequência, outros permitem um acesso casual com um rápido clicar. A questão com esse tipo de conteúdo, como com outros tipos de novas formas de narrativa de mídia, é qual estilo é mais engajado, envolvente e prazeroso para o consumidor de notícias. Será que a experiência dinâmica/passiva mantém a audiência mais engajada com o conteúdo do que a dinâmica/ativa? Até que grau a ação do usuário ajuda a experienciar de forma mais completa o conteúdo?

A linearidade de apresentação é outra área que levanta muitas questões. Em que medida a oportunidade que os usuários têm de se mover através do conteúdo na ordem e ritmo que escolhem muda sua disposição para com o conteúdo? Quando se determina a não linearidade aos componentes de uma narrativa, muda-se a fluidez dela. Será que a criação de peças que se sustentam por si sós como elementos da narrativa alteram o relacionamento do usuário com a história contada sequencialmente?

Esses são apenas alguns dos tipos de perguntas abertas que ainda precisam ser formuladas e respondidas antes de alcançar um entendimento dos efeitos da nova mídia na audiência como existe com relação à mídia tradicional. Algumas dessas questões têm suscitado certas pesquisas. Por exemplo, Wilson Lowrey, professor do Departamento de Jornalismo da Universidade do Alabama, nos Estados Unidos, testou duas hipóteses:

Hipótese 1 – Usuários de narrativas não lineares da web vão perceber que têm um controle muito mais significativo sobre sua experiência de leitura do que usuários de narrativas lineares da web.

Hipótese 2 – Usuários de narrativas não lineares da Web vão perceber que têm um nível muito maior de envolvimento nas experiências de leitura do que usuários de narrativas lineares da web. Lowrey descobriu que usuários de histórias não lineares têm uma sensação de maior controle da experiência do que usuários de narrativas lineares da web.

Não houve, no entanto, uma diferença significativa no nível de envolvimento perceptível na experiência de leitura entre usuários de narrativas lineares e não lineares da web. Isso demonstra que ainda é necessário um exame sistemático das várias combinações de elementos e seus efeitos sobre a audiência. Se a mídia digital for examinada com vistas ao tipo de efeitos de audiência como os jornais e a televisão fazem, haverá um melhor entendimento sobre o que forma essa audiência e o que funciona melhor para ela. Esse entendimento ajudará a informar os artífices do novo espaço de narrativa digital, auxiliando-os a desenvolver os melhores esforços para obter os melhores efeitos.

ANÁLISE DE PRÁTICAS COTIDIANAS

Criar um vocabulário específico é útil para a análise de conteúdo e o mesmo para a análise de seus efeitos nos usuários torna-se urgente. Conduzimos duas análises de conteúdo de sites importantes de notícias como forma de desenvolver esse vocabulário prático.

ESTUDO – ANÁLISE DE CONTEÚDO 1

Foi feita uma análise para determinar em que medida importantes veículos digitais estavam usando vários elementos em suas narrativas. Uma lista de 30 empresas de notícias, cujas técnicas narrativas on-line foram identificadas como "as mais inovadoras", foi compilada, após consulta a 20 especialistas em jornalismo e nova mídia. Durante 15 dias consecutivos, a página eletrônica, as manchetes (*lead, breaking news* e história) e novos projetos especiais dos 30 portais de notícias on-line foram analisados, tendo-se chegado às seguintes conclusões:

- Menos de um terço das **home pages** utilizavam conteúdo aberto.
- 90% das páginas eram estáticas e mais da metade eram apenas de mídia individual.
- Das manchetes analisadas, apenas 25% utilizavam conteúdo aberto e todos eram estáticos.
- Nenhuma das manchetes era multimídia e só 18% delas eram de mídia múltipla.

- Era de esperar encontrar muitos elementos da narrativa digital realçados nos projetos especiais. Todos utilizavam conteúdo aberto, mas todos eram ou estáticos (92%) ou ativos-dinâmicos (8%). Além do mais, todos eram de mídia múltipla; nenhum dos projetos especiais utilizavam apresentações multimídia.

ESTUDO – ANÁLISE DE CONTEÚDO 2

Michelle Nicolosi, do *Online Journalism Review* (http://www.ojr.org), compilou 39 narrativas que os especialistas identificaram como os melhores exemplos de narrativas on-line no site Insert Text Here: (http://www.inserttexthere.com/storytelling.htm). Uma análise de conteúdo dessas narrativas concluiu que:

- 47% eram abertas e mais de 48% eram não lineares.
- 58% tinham elementos dinâmicos e pouco menos da metade (47%) eram ativos.
- A metade das narrativas incluía contexto com links e metade incluía apresentação multimídia.
- Aproximadamente 70% utilizavam comunicação de uma mão só.

As duas análises de conteúdo, Estudos 1 e 2 mencionados, demonstram o uso corrente de elementos da narrativa digital nos conteúdos de notícias on-line. Mais elementos próprios do ambiente digital podem ser encontrados quando os especialistas identificam narrativas específicas, como no Estudo 2, do que quando os especialistas simplesmente identificam sites, como no Estudo 1.

ESTUDO 3 – ACESSO NÃO LINEAR A EXPERIMENTO DE APRESENTAÇÃO DE MÍDIA INDIVIDUAL/MULTIMÍDIA

O *Star Tribune* on-line produziu uma série de narrativas individuais sobre Minnesota chamada "Voices for the Land" (Vozes para a Terra). Elas estão presentes no <http://www.startribune.com/voices>, e o conjunto de narrativas foi produzido tanto em HTML como em **Flash**. Fornecendo aos usuários a motivação de que seriam posteriormente testados no conteúdo, foram instruídos a ler duas histórias. Metade dos sujeitos viu a versão de mídia individual, e a outra metade, a versão multimídia. Depois eles responderam a um questionário consistindo de questões abertas sobre o que recordavam. Em seguida, os usuários viram a versão que não tinham lido e respondiam a duas questões fechadas. Três grupos etários diferentes foram testados: alunos do secundário, universitários e idosos.

Vinte e cinco alunos do curso secundário, entre 14 e 19 anos, foram testados. Os que viram primeiro a versão multimídia relataram ter visto duas vezes mais narrativas do que na mídia individual, mas não as viram do começo ao fim. O grupo, quando examinando a mídia individual, acreditou ter encontrado narrativas de que gostaram mais facilmente e acharam as narrativas mais fáceis de compreender, entender e seguir. No entanto, o grupo exposto à multimídia alcançou marcas ligeiramente melhores de recordação na versão aberta (embora estatisticamente essa diferença não tenha sido significativa). Foi detectada uma ligeira prioridade. Todos os sujeitos na condição multimídia preferiram a apresentação multimídia sobre a mídia individual, enquanto 40% na condição de mídia individual preferiram a mídia individual. Os grupos se equivaleram no nível de domínio e convivência com a web, pré-conhecimento, gênero e idade.

Quarenta e três universitários, com idades entre 19 e 25 anos, participaram dessa experiência. Os que estavam na condição de multimídia viram três vezes mais narrativas, mas sem chegar ao final do conteúdo. Na situação de multimídia foi mais fácil encontrar narrativas que agradavam – e isso foi atribuído à presença da voz de um narrador – e as narrativas foram consideradas mais fáceis de seguir e entender. O grupo que escolheu a mídia individual relatou ser mais fácil compreender e conseguiu mais pontos nas questões abertas sobre recordações. Três quartos dos sujeitos preferiram a experiência de multimídia à de mídia individual. (Havia equivalência em termos de nível de domínio e de uso on-line, pré-conhecimento, gênero e idade.)

Dezessete idosos, com idades entre 68 e 87 anos, foram voluntários do experimento. Foram-lhes apresentadas duas histórias para cada uma das situações, e ambos os grupos chegaram até o final delas. Os grupos apresentaram nível equivalente de compreensão, acompanhamento e entendimento, mas o grupo da multimídia teve índices melhores de recordação. Um questionário de pós-pesquisa revelou que a maior parte dos usuários achou difícil ler numa tela de computador, o que pode explicar o melhor nível de recordação na situação de multimídia. Depois de assistirem a ambas as versões, metade (53%) preferiu a versão multimídia e metade (47%) a versão de mídia individual. Quando houve auxílio, o número dos que preferiram a versão multimídia aumentou para dois terços. No entanto, três quartos dos usuários preferiram uma versão das narrativas em jornal impresso em vez da versão on-line. (As condições foram equivalentes em nível de domínio e uso on-line, pré-conhecimento e idade, mas havia três vezes mais mulheres que homens.)

Esse estudo revela que independentemente da idade a apresentação de multimídia é preferível à versão da mídia individual. Além disso, a apresentação de multimídia conseguiu melhor nível de recordação entre os grupos. Quase 90% dos sujeitos do total dos grupos gostaram de poder escolher as narrativas e a ordem de vê-las, sendo que menos de 15% mostraram preocupação por ter perdido algo importante nas narrativas que deixaram de ver.

ESTUDO 4 – GRÁFICOS E A TEORIA DA FLUÊNCIA

O conteúdo criado por empresas de notícias para a cobertura da Guerra do Iraque forneceu excelente material de pesquisa para determinar os efeitos de diferentes estilos gráficos. Nós quisemos explorar a extensão que o desenho gráfico e a quantidade de "interatividade" aplicada nele afetaria a percepção de "fluidez" da imagem. Fluidez é a teoria que considera o nível de controle e absorção sentido pelos usuários na tarefa de interagir com o conteúdo.

Um variado número de estilos gráficos, entre eles infográficos, foram usados por websites de notícias durante a Guerra do Iraque para explicar o equipamento militar usado. Variaram de boxes com textos muito simples, contendo especificações dos aviões até desenhos animados complexos, fornecendo simulações de aviões em ação. Procuramos exemplos que usassem diferentes tipos de elementos na construção do gráfico.

Selecionamos gráficos de três empresas de notícias porque:

1) todas tinham gráficos do mesmo avião e
2) eram de empresas de notícias altamente respeitáveis: *New York Times*, CNN e USA *Today*. Conduzimos dois estudos diferentes dos gráficos: um com um grupo de adultos que examinaram os desenhos e responderam perguntas a eles submetidas por um serviço de teste de uso de produto. Esse serviço convidou pessoas de uma comunidade de 160 mil participantes de mesas-redondas e programas de TV a atuarem a partir de seus próprios computadores. O outro estudo foi feito com estudantes, que examinaram os gráficos e responderam perguntas no laboratório de informática da escola.

A seguir, apresentamos os quatro estilos de imagem gráfica que testamos:

New York Times – Imagem gráfica em zoom

Uma imagem gráfica arquitetônica estática que dá um zoom para ampliar um detalhe, quando uma seção do avião é selecionada. É um exemplo de mídia múltipla dinâmica/ativa (texto e desenho) http://www.nytimes.com/packages/html/international/20030320_iraq_AIR/index.html

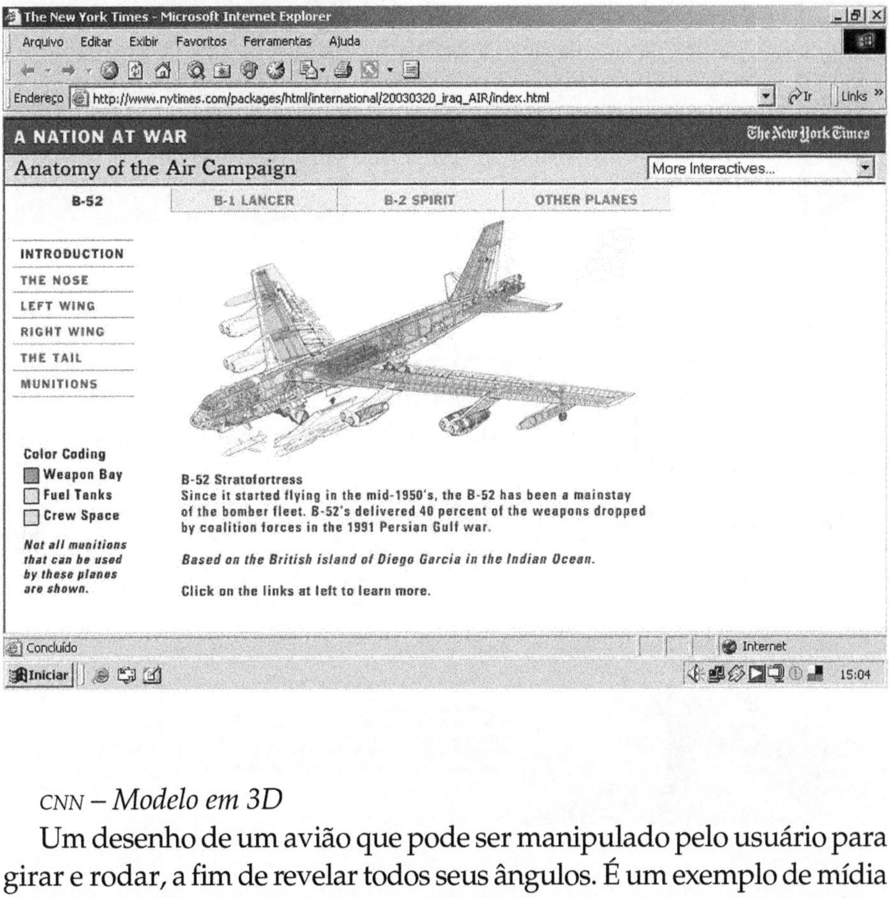

CNN – *Modelo em 3D*

Um desenho de um avião que pode ser manipulado pelo usuário para girar e rodar, a fim de revelar todos seus ângulos. É um exemplo de mídia múltipla, manipulável, dinâmica/ativa (box com texto e modelo em 3D) http://www.cnn.com/SPECIALS/2003/iraq/forces/weapons/3d.models/index.b52.html

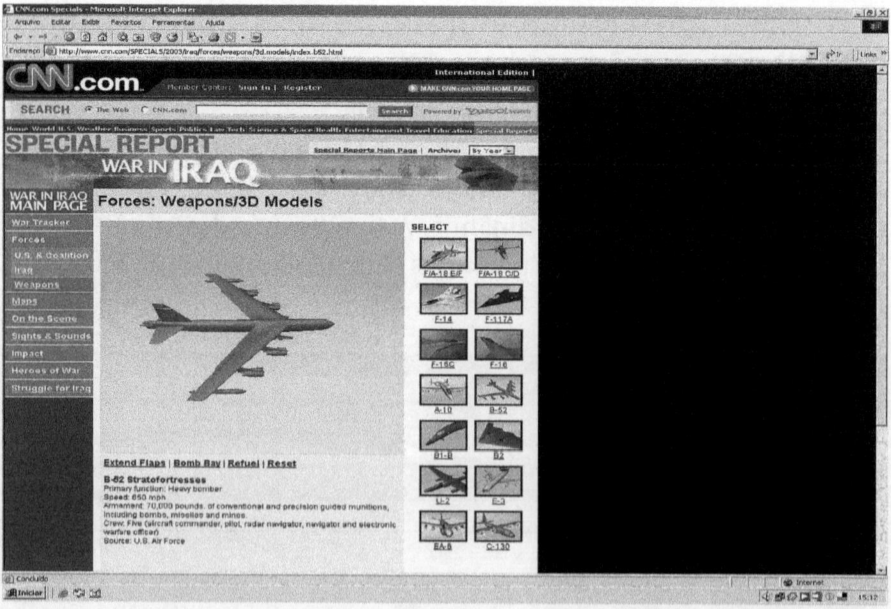

CNN – *Galeria de fotos*

Uma fotografia de um avião com legenda. É um exemplo de mídia múltipla estática/passiva (foto e texto).

http://www.cnn.com/SPECIALS/2003/iraq/interactive/us.aircraft/bombers/content.1.html

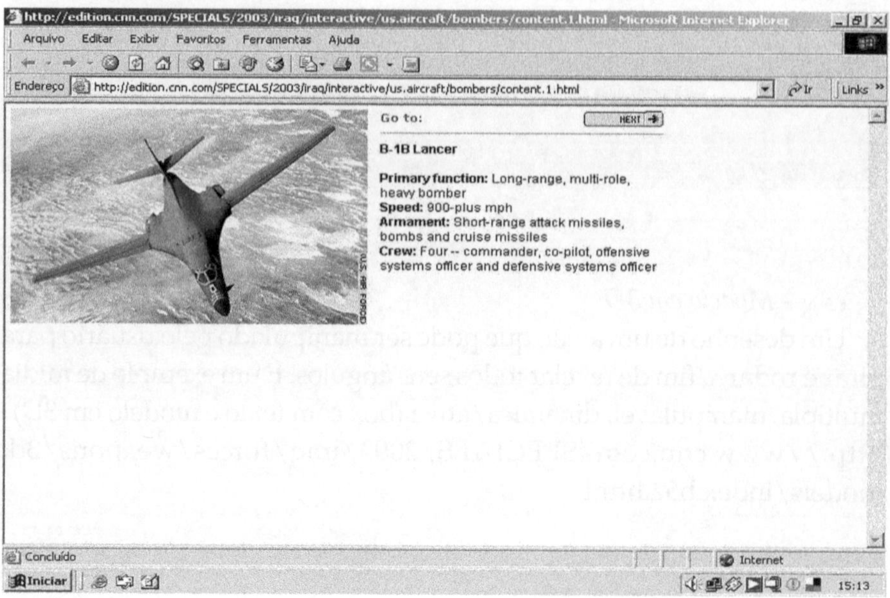

USA Today – Imagem em movimento

O avião voa na direção do usuário, com acompanhamento de som e depois se fixa no alto da tela para revelar diferentes aspectos do avião (armamento, especificações, inventário, fotos). É um exemplo de multimídia dinâmica/passiva que passa a dinâmica/ativa (imagem com som e texto). http://www.usatoday.com/news/world/iraq/front.htm

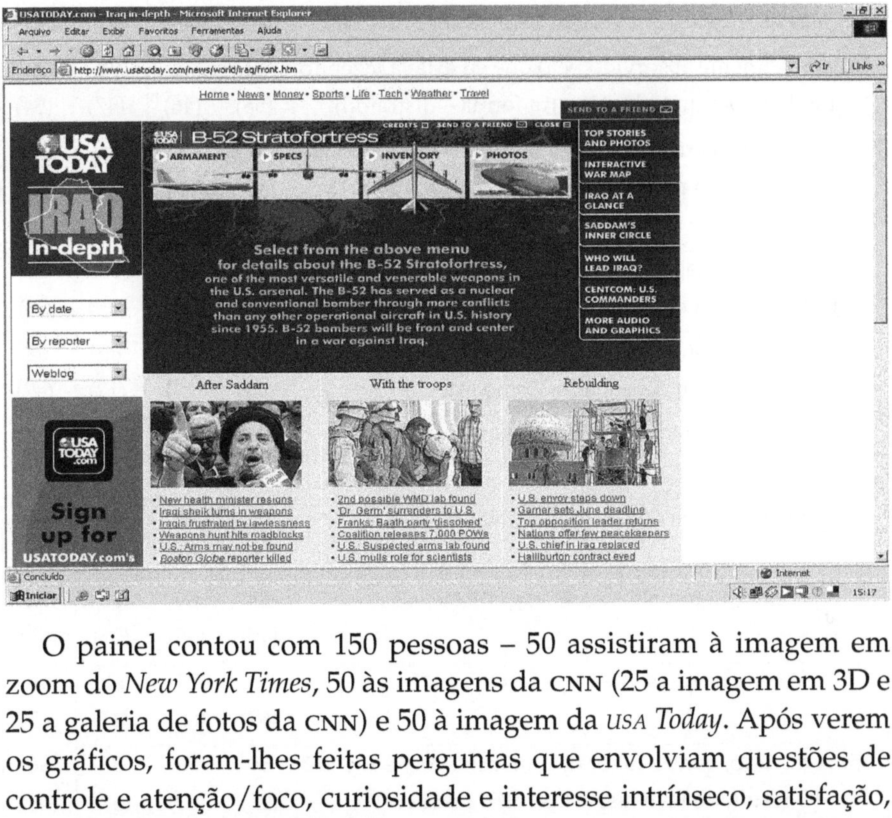

O painel contou com 150 pessoas – 50 assistiram à imagem em zoom do *New York Times*, 50 às imagens da CNN (25 a imagem em 3D e 25 a galeria de fotos da CNN) e 50 à imagem da *USA Today*. Após verem os gráficos, foram-lhes feitas perguntas que envolviam questões de controle e atenção/foco, curiosidade e interesse intrínseco, satisfação, favorecimento e credibilidade.

Em seguida, tivemos 67 estudantes da Escola de Jornalismo e Comunicação de Massachusetts examinando todos os quatro gráficos e respondendo às mesmas questões. Os resultados dos dois experimentos revelaram atitudes bem diferentes com relação às imagens. Essas diferenças podem decorrer da idade dos participantes (a média de idade do grupo adulto ficou entre 31-39 anos e os estudantes tinham menos de 21) ou o fato de que um grupo avaliou com base no exame de apenas um estilo de imagem e o outro foi exposto a todos os quatro estilos. Os resultados foram surpreendentemente diferentes.

A tabela seguinte mostra a porcentagem de entrevistados que aceitaram ou aceitaram com ênfase as afirmações – o grupo adulto que viu uma só imagem está em negrito, e o grupo de estudantes que assistiu a todas as quatro está entre parênteses:

	NYT	C-3D	C-BB	USAT
Foi mais fácil encontrar informação de interesse/ Foi mais fácil localizar informação específica no gráfico	**41** (68)	**80** (49)	**92** (41)	**77** (70)
Fiquei totalmente absorvido pelo que eu estava fazendo (Também perguntado de outra forma – distraído)	**63** (55)	**78** (46)	**78** (47)	**75** (54)
Interagir com os gráficos aumentou minha curiosidade/ (Também perguntado de outra forma – foi entediante interagir)	**51** (65)	**70** (59)	**84** (16)	**79** (63)
As imagens eram interessantes/ Eu gostaria de aprender mais sobre aviões	**49** (52)	**62** (44)	**64** (25)	**70** (50)
Gostaria que todos os gráficos fossem desenhados como este	**36** (42)	**32** (34)	**60** (12)	**54** (47)
As imagens eram atraentes	**59** (76)	**88** (76)	**84** (40)	**90** (85)
Foi fácil visualizar a informação no gráfico	**65** (70)	**76** (61)	**96** (72)	**84** (65)
Quero voltar a ver os gráficos	**63** (49)	**84** (36)	**88** (21)	**72** (54)
A informação sobre os gráficos era crível	**65** (67)	**84** (65)	**100** (41)	**90** (67)
Acima de tudo, quão a favor das imagens você se sente? (O resultado teve respostas "algo favorável" ou "muito favorável")	**59** (71)	**76** (50)	**88** (32)	**86** (69)

A imagem da CNN em 3D e no estilo galeria de fotos receberam do grupo adulto as notas mais altas na maioria das categorias. No entanto, do grupo de estudantes receberam as avaliações mais baixas. Os alunos preferiram as imagens mais interativas e complexas oferecidas pelo *New York Times* e USA *Today* às imagens mais simplistas da CNN.

Estamos fazendo mais análises dos resultados desse estudo e esperamos conseguir compreender melhor os efeitos que essas diferentes imagens têm sobre os usuários.

COLABORAÇÃO INTERDISCIPLINAR

Os projetos de pesquisa discutidos nas páginas anteriores são estudos preliminares que fornecem uma linha base para as práticas correntes e um pré-teste para nossas variáveis dependentes e independentes. Continuamos a testar cada subelemento em separado, depois examinaremos coletivamente os elementos individuais e por fim as várias combinações de elementos.

Também estamos criando um banco de dados de estudos dirigidos por outros pesquisadores que examinaram vários elementos. Os estudos estão disponíveis no site "Elements of Digital Storytelling" (Elementos da Narrativa Digital) – http://www.inms.umn.edu/elements. Somado a isso, estão sendo criadas colaborações interdisciplinares. Foram feitas parcerias com professores em áreas de marketing social, publicidade, comércio eletrônico, relações públicas e serviços de saúde e lazer. Acreditamos ser necessária uma colaboração maior entre a indústria e a universidade para produzir resultados de pesquisa que assegurem a aplicabilidade das descobertas.

É preciso entender a interação entre os elementos exclusivos da narrativa digital e testar a efetividade de seu uso em várias combinações e para vários tipos de narrativas; isso fornecerá às empresas de notícias uma compreensão melhor de como e quando preparar toda a gama de possibilidades para as narrativas digitais. Se os atributos exclusivos das narrativas digitais forem considerados positivos para atrair a audiência on-line, haverá implicações no treinamento das redações, cursos de jornalismo e no desenvolvimento de softwares.

Programas de jornalismo na universidade por todos os Estados Unidos estão reconhecendo a necessidade de colaboração de diferentes disciplinas em face da mudança no ambiente de mídia. O programa de informática da Universidade de Indiana, por exemplo, combina ciência da informação, ciência da computação, arte e jornalismo. Na Universidade da Califórnia, a Escola de Jornalismo Annenberg está trabalhando com o Centro de Sistemas Integrados de Mídia no desenvolvimento da nova safra de tecnologia.

A narrativa digital criou uma mudança de paradigma da narrativa tradicional, que era controlada pelo responsável pelo desenvolvimento de conteúdo, para uma narrativa que conta com a contribuição do usuário. A chave para entender essa mudança e utilizar com sucesso o ambiente digital como um novo espaço de narrativa é conhecer a própria audiência. É necessário um entendimento mais aprofundado sobre que tipo de narrativa melhor servirá a audiência, usando todo o leque de técnicas de narrativa digital, e quando as narrativas "analógicas" podem ser utilizadas. Espera-se que os pesquisadores de mídia continuem a colaborar para criação desse entendimento compartilhado.

Colaborou Christina L. Fiebich.
(Tradução: Mirna Gleich)

NOTAS

1 Downes & McMillan, Defining Interactivity: A Qualitative Identification of Key Dimensions, New Media and Society, 2 (2), 157-179, 2000; R. Bretz, Media for Interactive Communication, Sage: Beverly Hills, 1983; E. M. Rogers, Communication Technology: The New Media in Society, New York, The Free Press,1986; J. Walther, Interpersonal Effects in Computer-Mediated Interaction: A Relational Perspective, Communication Research, 19 (1), 52-89, 1992.

2 C. H. Cho e J. D. Leckenby, "Internet-Related Programming Technology and Advertising", em Proceedings of the 1997 Conference of the American Academy of Advertising, M. Carole Macklin (ed.), Cincinnati, University of Cincinnati, 1997.

3 H. A. Roehm e C. P. "Haugtvedt. Understanding Interactivity of Cyberspace", em Schumann e Thorson (eds.), Advertising and the World Wide Web, Mahwah, Lawrence Erlbaum Associates, 1999, pp. 27-39.

4 S. Rafaelli, "Networked Interactivity", em Journal of Computer-Mediated Communication, 2 (4), 1997, p. 111.

5 Lee, 2000; McMillan, 2000; Kiousis, 1999.

6 J. Murray, "Playing the News: Journalism Interactive Narrative and Games", em Institute for New Media Studies, University of Minnesota. Disponível em: <http://www.inms.umn.edu/convenings/playingthenews/overview.html>. Acesso em: nov. 2001.

REFERÊNCIAS BIBLIOGRÁFICAS

BRETZ, R.; SCHMIDBAUER, M. *Media for Interactive Communication.* Beverly Hills: Sage, 1983.

CHO, C. H.; LECKENBY, J. D. Internet-Related Programming Technology and Advertising. MACKLIN, M. Carole (ed.). *Proceedings of the 1997 Conference of the American Academy of Advertising,* Cincinnati: University of Cincinnati, 1997.

DOWNES, E. J.; MCMILLAN, S. J. Defining Interactivity: A Qualitative Identification of Key Dimensions. *New Media and Society,* 2 (2), 157-179, 2000.

KIOUSIS, S. "Broadening the Boundaries of Interactivity: A Concept Explication," *paper* lido na Association for Education in Journalism and Mass Communication Annual Conference em New Orleans, 1999.

LEE, J. S. *Interactivity: A New Approach.* AEJMC Annual Conference, August 9, 2000.

LOWREY, W. *The Non-Linear Web Story: Assessment of Perceptions, Knowledge Acquisition and Feedback.* AEJMC, Conferência. Disponível em: <http://list.msu.edu/cgi-bin/wa?A2=ind0209C&L=aejmc&P=R2409>.

MCMILLAN, Sally J. Who Pays for Content? Funding in Interactive Media. *Journal of Computer Mediated Communication*, 4 (1), 1998.

MURRAY, J. *Hamlet on the Holodeck*: The Future of Narrative in Cyberspace. Cambridge: MIT Press, 1998.

________. Playing the News: Journalism Interactive Narrative and Games. *Institute for New Media Studies, University of Minnesota.* Disponível em: <http://www.inms.umn.edu/convenings/playingthenews/overview.html>. Acesso em: nov. 2001.

RAFAELI, S. Interactivity: From New Media to Communication. *Sage Annual Review of Communication Research: Advancing Communication Science,* 16, 110-134. Beverly Hills: Sage, 1988.

________. Networked Interactivity. *Journal of Computer-Mediated Communication*, 2 (4), 1997.

ROEHM, H. A.; HAUGTVEDT, C. P. Understanding Interactivity of Cyberspace Advertising. SCHUMANN, D. W.; THORSON, E. (eds.). *Advertising and the World Wide Web.* Mahwah: Lawrence Erlbaum Associates, 1999, pp. 27-39.

ROGERS, E. M. *Communication Technology*: The New Media in Society. New York: The Free Press, 1996.

STEUER, J. Defining Virtual Reality: Dimensions Determining Telepresence. *Journal of Communication,* 42 (4), 73-93, 1992.

WALTHER, J. Interpersonal effects in Computer-Mediated Interaction: A Relational Perspective. *Communication Research,* 19 (1), 52-89, 1992.

A NÃO LINEARIDADE DO JORNALISMO DIGITAL

> Talvez amanhã aconteça de pararmos na rua para amarrar os cadarços.
> Ou quem sabe chova e o guarda-chuva esteja em casa.
> Agora mesmo Amanda me pediu pra ver Alice no país das Maravilhas.
> Eu resisti: queria ver as notícias de uma guerra que já me contam há meses e da qual já se sabe o número de possíveis mortos e vivos.
> E de mortos-vivos.
> Mundo das Sete Maravilhas.
> Amanda está vendo Alice, em seguida deve dormir.
> Amanhã talvez a guerra já estará em seu primeiro dia.
> Amanda vai pra escola cedo.
> Espero não esquecer o guarda-chuva, nem cair por conta dos sapatos.
>
> *19/3/2003 – Início da guerra contra o Iraque*

A epígrafe deste capítulo trata da "disputa" entre uma mãe, atrelada às notícias cotidianas, entregues prontas e enlatadas pelo telejornal noturno, e uma filha de três anos e meio ansiosa em deixar-se enredar pelos labirintos de *Alice no País das Maravilhas*, de Lewis Carroll, num filme em VHS. A situação inicial pretende nos fazer refletir sobre a maneira como recebemos as informações através da mídia tradicional e sobre os possíveis caminhos que a **hipermídia** pode nos oferecer na direção de leituras um pouco mais complexas do mundo, das notícias, do dia a dia. A partir da não linearidade e dos **links**, podemos, talvez, encontrar novas vozes, outras versões de uma mesma notícia. Proponho aqui, além dos percursos de Alice, invocar o mestre do cinema japonês Akira Kurosawa, para que nos ajude neste caminho não linear.

Vamos ao mestre. Tomemos um exemplo clássico de um filme de Kurosawa que "brinca" com nosso olhar e com possíveis hipóteses de leitura. Trata-se de *Rashomon*, de 1950. Roteiro adaptado de dois contos japoneses, o filme desafia o espectador a escolher um final, vários finais ou mesmo nenhum. Diga-se de passagem, na metade do século XX. No filme, dois homens conversam sob um portal, enquanto esperam a chuva passar. Um deles conta a história de um estupro e um assassinato, enquanto vamos acompanhando as cenas por ele relatadas. Akira Kurosawa nos faz olhar a história de todos os ângulos. Há um estupro e um homem assassinado, mas o fato é descrito do ponto de vista de todos os personagens que estavam naquela cena no mesmo momento. Ele nos oferece a possibilidade de olhar através de cada personagem. E o contador da história faz um relato detalhado de cada cena. Ao final, quem seria o assassino, se durante todo o filme todos mataram o mesmo homem. Podemos escolher? Fazer nossa própria caminhada pelo filme? De alguma forma, compomos nossa própria história. E como nos sentimos depois dessa experiência? A pluralidade de vozes, de versões, de maneiras de contar a história nos oferece uma grande liberdade de percepção, de apreensão, de vivência da experiência?

Agora, trazendo para a realidade da internet, vejamos como estamos habituados a navegar pelos websites e o que nos oferece a não linearidade da hipermídia. Vamos nos ater a uma história fictícia, de um hipotético assassinato, assim como fez Akira Kurosawa. Estamos navegando num portal de notícias, por exemplo, e nos deparamos com a seguinte manchete: *Homem é assassinado dentro de casa em São Paulo*. Clicamos na manchete e entramos na matéria. A linha fina nos diz: *Suspeita recai sobre empregado da casa, que trabalhava há dez anos com a família*. Antes de ler o *lead* da matéria, clicamos ao lado no link de um vídeo que diz: *veja entrevista com o suspeito*. E nós assistimos. E na entrevista ele afirma que "nunca faria aquilo, pois gostava muito da família, que trabalhava com eles há anos e que tinha seis filhos para sustentar". Ou seja, nos jura sua inocência. Logo depois de vermos o vídeo, clicamos em *ouça aqui a entrevista da mulher da vítima*. E a mulher da vítima parece ensandecida, percebe-se claramente que é desequilibrada. Só então voltamos à matéria principal, para ler o *lead* e a sequência linear do texto. Enfim, essa é uma proposta de navegação aleatória. Trata-se apenas de um exemplo, mas podemos tentar visualizar pautas da vida política ou econômica e perceber a diferença.

Mas, para seguir a ideia de Kurosawa, que conclusão poderíamos tirar a partir desta navegação? A possibilidade de ouvir e ver primeiro a fala do suspeito, que parece inocente, pode conduzir-nos a uma leitura diferente do que normalmente acontece em matérias de televisão ou da mídia impressa, ou seja, da maneira mais tradicional? A aparente liberdade de navegação, podendo o leitor-ouvinte-espectador da internet optar pelo caminho que deseja para entrar na matéria, cria novas dimensões que até hoje o jornalismo não conseguiu? A mídia tradicional – os jornais, a televisão, o rádio –, além do já conhecido trabalho do *gatekeeper*, escolhe por nós a "entrada", ou seja, quem falará primeiro, quem fechará a matéria, até onde podemos saber do assunto. Já com as possibilidades oferecidas pela hipermídia, temos mais – e apenas mais, pois não são ilimitadas e há, de toda forma, uma pré-definição de fontes, imagens, textos – possibilidades de entendimento de um tema. Assim como em *Rashomon* e seus vários possíveis caminhos.

Há uma mudança significativa no papel do receptor da mensagem vista na forma clássica da comunicação. Há mais condições de este receptor tentar entender a informação por vários ângulos, principalmente com as novas perspectivas de interatividade. Sem falar na possibilidade de, não satisfeito com o que a matéria oferece, o receptor poder optar por buscar mais informações em outros websites. Por exemplo: se lermos uma matéria sobre um movimento social, como o Movimento dos Trabalhadores Rurais Sem Terra (MST), e não nos sentirmos satisfeitos com a informação ali contida, podemos imediatamente acessar o website do próprio movimento. E assim nos mais variados assuntos.

É claro que o "novo" olhar depende de uma educação para a nova mídia, só assim a narrativa não linear pode nos permitir abrir novas "janelas" de conhecimento e, quem sabe, proporcionar um olhar mais complexo e menos preconceituoso sobre o mundo. Essa educação passa por todos os níveis de aprendizado e, na prática, deveria se dar desde o início da formação escolar.

O PAPEL DO ROTEIRO EM UMA NOVA COMUNICAÇÃO

Usei um filme, *Rashomon*, de Kurosawa, como exemplo para o paralelo entre cinema e hipermídia. E, para que os dois funcionem, há um ponto comum importante: o roteiro. Sim, um bom roteiro é parte fundamental de um bom filme e também da hipermídia. E, por consequência, de uma história bem contada. Outra informação essencial: o roteiro não é a obra, é o começo de um caminho complexo. Como dizem Leandro Saraiva e Newton Cannito, em seu *Manual de roteiro ou Manuel, o primo pobre dos roteiros de cinema e TV*: "No início, um roteiro é uma intuição, uma 'convicção audaz' de que há algo para ser expresso". Assim também funciona quando se pensa uma matéria construída para o ciberespaço. De acordo com professor da PUC-SP Vicente Gosciola, "a roteirização, visando favorecer a interatividade e o acesso não linear, diz respeito à possibilidade de comunicar. São conceitos caros à hipermídia. São também elementos significativos de processos comunicacionais, enraizados nas atividades das mais diversas instituições, desde as voltadas para o ensino até as desenvolvedoras de produtos de entretenimentos, não ficcionais, de treinamentos ou educativos".

Considerando que o objetivo principal, seja num filme ou numa hipermídia – um portal de notícias ou qualquer projeto criado para a **web** –, é a "possibilidade de comunicar", e comunicar bem, pressuponho que um roteiro bem pensado e bem feito deve considerar todas as possibilidades da mídia e ainda cativar os espectadores. A dedução óbvia nem sempre é clara para quem faz um produto em hipermídia ou para quem navega. Ainda é um processo de descoberta que traz consigo inúmeros desafios. Mais que cativar, o roteiro da hipermídia pode e deve ser um instrumento potencial de educação para a mídia.

Um bom roteiro requer cuidado, principalmente quando lidamos com a não linearidade. Somos não lineares em nosso dia a dia, é fato. Quando conversamos com alguém, estamos sempre "linkando" assuntos. Vivemos, essencialmente, "linkando" temas. E quando pensamos na não linearidade de um produto audiovisual, como um filme, ou um website, precisamos usar, sim, nossa facilidade inerente de fazer associações, respeitando a linguagem de cada área. E aqui entra a nossa capacidade – enquanto profissionais de comunicação, educadores, cidadãos – de perceber que, a partir do advento da hipermídia, podemos proporcionar uma leitura mais ativa. Há implícito na hipermídia o conceito de complexidade, de labirinto que leva ao conhecimento, enfim, à ampliação das possibilidades. Para os pesquisadores em hipermídia Lúcia Leão[1] e Vicente Gosciola:[2] "O termo hipermídia designa um tipo de escritura complexa, na qual diferentes blocos de informações estão interconectados. Devido às características do meio digital é possível realizar trabalhos com uma quantidade enorme de informações vinculadas, criando uma rede multidimensional de dados. Esta rede, que constitui o sistema hipermidiático propriamente dito, possibilita ao leitor diferentes percursos de leitura". Paralelamente, o "roteiro para hipermídia elabora uma associação direta entre os recursos técnicos específicos para a navegabilidade não linear em ambientes hipermidiáticos definidos pelos links e os diversos conteúdos apresentados através dos respectivos meios – ou seja, os conteúdos em forma de texto, gráfico, áudio e vídeo –, planejados por um trabalho de roteirização e organizados por um sistema de autoração".

Conduzir os navegadores da web a uma experiência que, para além de agradável, consiga gerar conhecimento, autoconduzir os leitores pelos labirintos da não linearidade. E, através dessa autocondução, tentar entender melhor os processos de produção das informações.

Isso não significa dizer que estamos agora absolutamente cientes de tudo, ou que na internet sabemos das coisas com total transparência. Não. A relevância está em aprendermos a olhar a mídia com olhos de quem não é conduzido, mas que precisa entender e pode "escolher". E isso é um aprendizado para a mídia, uma educação para a mídia. As novas gerações, nascidas sob a égide da www, terão consequentemente uma leitura da mídia diferente de quem foi educado a partir de linhas pré-definidas. Como aponta o filósofo francês Pierre Lévy, ressaltando a capacidade de pluralidade implícita na internet: "[...] o internauta pode (virtualmente) chamar para a tela, à sua vontade, os diferentes atores sociais, porta-vozes e diversos representantes de partidos ou grupos de interesses, para ouvir suas declarações ou examinar seus argumentos".[3]

Assim, o que proponho aqui é que, como educadores ou profissionais da comunicação, ao pensar num roteiro para o ciberespaço, para a internet, consigamos também pensar na amplitude de possibilidades de leitura que podemos oferecer e na geração de um conhecimento com bases mais plurais, sem, no entanto, ser superficial. Mesmo sabendo que o acesso à internet, e mesmo a um simples computador, ainda é bastante desigual em todo o mundo. Aposto no que Pierre Lévy chama de "ciberdemocracia" e num processo de aprendizagem capaz de elaborar produtos em rede. Como fez Kurosawa, podemos abrir as possibilidades pensando um roteiro ao mesmo tempo de fácil acesso, mas que valorize o internauta e sua capacidade de leitura dos fatos e das histórias.

Pois bem, Lévy aponta o que chama de "ciberdemocracia", ou seja, o mundo na rede permite que naveguemos e nos comuniquemos com pessoas, afins ou não. Podemos dizer que, mesmo que ainda a passos lentos, caminhamos para um aprendizado, vindo principalmente com as novas gerações.

Se, como afirma o autor Muniz Sodré,[4] vivemos hoje num mundo onde "velocidade e flexibilização são conceitos-chave", com o capital se apropriando cada vez mais das tecnologias, como a internet, para difundir os sentidos "universalistas" e de consumo, ainda assim podemos observar, como nos alerta Jesús Martín-Barbero,[5] que "[...] esses fenômenos de globalização comunicativa não podem ser pensados como meros processos de *homogeneização*. O que está em jogo hoje é uma profunda mudança no sentido da *diversidade* [...]". Barbero ressalta que as redes não são apenas um espaço de circulação de capital ou finanças: "[...] mas também um 'lugar de encontro' de multidões de minorias e comunidades marginalizadas ou de coletividades de pesquisa e trabalho educativo ou artístico".

Numa sociedade considerada "da informação", onde a globalização, induzida pela tecnologia controlada e pelo capital, nos empurra a sentir-nos "cidadãos do mundo", há muito a ser entendido. Entra aí a necessidade de, como profissionais da comunicação, como cidadãos, refletirmos sobre as novas possibilidades de apropriação da tecnologia que vêm surgindo.

Trabalhemos outro exemplo de como a apropriação das novas tecnologias pelos movimentos, que até hoje tinham pouco espaço, pode sugerir novas categorias de apreensão e compreensão do mundo e com maior possibilidade de acesso.

Em janeiro de 2003, um pouco antes do início da guerra dos Estados Unidos contra o Iraque, aconteceu em Porto Alegre uma das edições do Fórum Social Mundial, evento que reuniu milhares de ativistas de todo o mundo sob o slogan *"Um outro mundo é possível"*. Na abertura, numa caminhada de milhares de pessoas no centro da capital gaúcha, o tom central do protesto foi contra o anunciado ataque ao Iraque, que se confirmou meses depois. Retomamos o fato para tentar ver a possibilidade de transformação implícita, mesmo que ainda pouco revelada, mas em andamento a passos largos, a partir da apropriação das novas tecnologias da comunicação por outros setores sociais que não são os que detêm o capital. Apropriação que gera aprendizado, que transforma, que intercambia experiências e dá voz.

Sugerimos tentar entender como milhares de pessoas se comunicaram durante meses para chegar ao ponto comum, Porto

Alegre, para o Fórum Social Mundial. O ciberespaço aparece aqui como mecanismo fundamental para que o Fórum Social Mundial pudesse acontecer. Outro destaque desse contexto foi a Ciranda Internacional da Informação Independente,[6] que reuniu profissionais da comunicação de todo o mundo em torno da necessidade de comunicar o que não tinha espaço na mídia tradicional, enfim, o que precisava chegar aos quatro cantos do mundo desde o espaço do Fórum Social Mundial. A Ciranda Internacional da Informação Independente é um exemplo muito interessante do uso das novas tecnologias da comunicação num sentido coletivo, solidário e de democratização da informação. Jornalismo feito com qualidade e disponibilizado de forma democrática, em várias línguas e sempre valorizando o leitor-navegador do ciberespaço. Não à toa que o slogan da Ciranda é "*Para que um outro mundo seja possível, é preciso reinventar a comunicação*". A partir de exemplos assim podemos acreditar no que nos aponta Pierre Lévy quando diz: "[...] os internautas poderão se revelar cidadãos mais bem informados, politicamente mais ativos e socialmente mais conscientes do que os cidadãos *off line* [...]". Para Lévy, a acessibilidade da informação gera um novo cidadão. Mas a informação de qualidade, geradora de conhecimento, e não superficial e mercadológica. Mais uma vez se ressalta o papel do profissional de comunicação e do educador frente às novas tecnologias. Que cidadãos queremos formar?

Essas foram tentativas de reflexão a partir de exemplos práticos, desde os novos caminhos para a leitura mais crítica das informações, proporcionados pela hipermídia, que podem nos levar a ver a mídia com um olhar de quem não é conduzido, mas tem autonomia – questão que já vem sendo estudada pela área de educação para a mídia por vários autores e que pode ser percebida principalmente nas novas gerações –, até as apropriações das novas tecnologias por uma "outra comunicação", entre setores distantes da "grande mídia". Tudo pode colaborar para uma maior consciência crítica, uma nova visão sobre os veículos tradicionais, sobre o domínio das informações e a unilateralidade a que sempre fomos submetidos, seja em nossas casas, em nossas cidades, países ou no nível mundial. Lembrando, sempre, que estamos ainda limitados no acesso à rede mundial, principalmente pelas diferenças econômicas que existem entre nossos países e continentes. Nesse novo roteiro não linear que vem sendo escrito aos poucos, acredito, há esperança. Salve, Kurosawa. Salve seu exemplo de mostrar que o mundo não pode ser visto linearmente e nem deve ter apenas dois ou três donos da informação.

NOTAS

[1] L. Leão, "Cibernarrativas ou a arte de contar histórias no ciberespaço", em Derivas: cartografias do ciberespaço, São Paulo, Annablume, 2004. Disponível em: <http://www.patio.com.br/labirinto/o%20labirinto%20da%20hiperm%EDdia.html>.

[2] V. Gosciola, Roteiro para novas mídias: do *game* à TV interativa, São Paulo, Senac, 2003, (capítulos 1 e 2).

[3] Pierre Lévy, "Pela ciberdemocracia", em Dênis de Moraes (org.), Por uma outra comunicação: mídia, mundialização cultural e poder, Rio de Janeiro, Record, 2004, pp. 370 a 376.

[4] Muniz Sodré, "O globalismo como neobarbárie", em Dênis de Moraes (org.), Por uma nova comunicação: mídia, mundialização cultural e poder, Rio de Janeiro, Record, 2004, pp. 24 e 25

[5] Jesús Martín Barbero,"Globalização comunicacional e transformação cultural", em Dênis de Moraes (org.), Por uma nova comunicação: mídia, mundialização cultural e poder, Rio de Janeiro, Record, 2004, pp. 59 e 60.

[6] Veja o trecho completo em <http://www.ciranda.net/>.

REFERÊNCIAS BIBLIOGRÁFICAS

MORAES, Dênis de (org.). *Por uma outra comunicação*: mídia, mundialização cultural e poder. Rio de Janeiro: Record, 2004.

GOSCIOLA, V. *Roteiro para novas mídias*: do *game* à TV interativa. São Paulo: Senac, 2003.

SARAIVA, L.; Cannito, N. *Manual de roteiro ou Manuel, o primo pobre dos manuais de cinema e TV*. São Paulo: Fábrica de Ideias Cinemáticas/Conrad Livros, 2004.

NAVEGAÇÃO E CONSTRUÇÃO DE SENTIDOS

A construção de sentido no ambiente digital talvez seja a peça mais valiosa do quebra-cabeça chamado **hipermídia**. Neste capítulo descrevo aspectos interacionais da navegação, os recursos do ambiente digital e as várias possibilidades de construção de conteúdo. Para tanto, analiso alguns websites nacionais de gêneros e propósitos variados, como portais de informação, bancos, jornais **on-line** e sites informativos sobre temas específicos e de autoria identificada. Dentre os sites visitados, foram escolhidos cinco representativos em matéria de padrão de navegação na **web** brasileira, como o portal Universo Online (UOL), o portal do Bradesco, o site da Folha Online, o Brasil em Foco e o Sobresites, um guia de sites de informática. É bem possível, inclusive, que muitos pesquisadores estejam agora debruçados sobre um teclado, produzindo um site pessoal, alimentando um **blog** ou desenhando um curso on-line.

Os aplicativos, cada vez mais amigáveis, estão trazendo de volta a produção individual, devolvendo ao homem o acesso aos meios de produção antes restritos a profissionais especializados.

Há um número cada vez maior de programas amigáveis de autoria de interfaces que simplificam o processo de produção, dispensando o conhecimento mais avançado de linguagens de programação, ao disponibilizarem modelos prontos e pré-configurados, alguns de uso gratuito, como os blogs, as plataformas para desenvolvimento de cursos on-line, entre outros.

Se, por um lado, reconfiguramos nossa relação com o armazenamento, com o uso e com a distribuição da informação por meio desse acesso mais democratizado aos meios de produção digital, por outro lado, nos deparamos com novas demandas de avaliação e de criação impostas pelo ambiente digital. A hipermídia oferece ao produtor/autor uma gama de possibilidades de cruzamentos e interseção de modalidades diferentes de linguagem nunca oferecidas antes por nenhuma outra mídia. Embora cada vez mais a produção seja acessível e amigável, há escolhas de design e de navegação que passam despercebidas, inclusive pela maioria dos profissionais do meio, e que afetam diretamente a interação que será construída com o usuário.

O objetivo deste capítulo é justamente descrever como os aspectos interacionais da navegação podem interferir na construção de sentidos de produções hipermidiáticas. A intenção é buscar conceitos e diretrizes, em áreas voltadas para a compreensão da linguagem web, para entender as diferentes demandas que o ambiente digital impõe à produção e avaliação de sistemas hipermídia.

Para isso, me basearei em perspectivas teóricas, oriundas da Linguística Aplicada, que partem de uma abordagem funcional da linguagem. Essas perspectivas, como a Linguística Sistêmico-Funcional e a Semiótica da Hipermodalidade, entendem a linguagem como uma prática social e trazem ferramentas para a análise de usos de linguagem em produções autênticas, inclusive para a compreensão de sistemas hipermídia.

Nos primeiros momentos da internet, as pesquisas iniciais descreviam e buscavam compreender a construção de sentidos da estrutura da rede de textos que constrói um hipertexto. Muitas dessas pesquisas partiram, principalmente, da teoria literária pós-estruturalista. Outras vertentes mais ligadas aos aspectos comunicativos, também nessa mesma fase inicial de consolidação, partiram de uma abordagem neorretórica para descrever as características discursivas do hipertexto ou da formação de novos gêneros pela transformação de gêneros orais e escritos.

Num momento posterior, a pesquisa se voltou para a análise e descrição das especificidades tecnológicas de design, de navegação e de usabilidade. As pesquisas em Linguística Aplicada, por sua vez, têm enfocado as relações da linguagem com a tecnologia pela esfera do ensino a distância, via internet. Outras descrevem o ambiente digital para enfocar questões de linguagem nas interações síncronas ou assíncronas. Todas trouxeram enormes contribuições para a descrição e compreensão da linguagem e estrutura do hipertexto e das possibilidades de desenvolvimento de propostas de ensino-aprendizagem e de uso de ferramentas interativas nesse ambiente.

Cabe agora explorar os significados que as escolhas tecnológicas e de design, já convencionalizadas, podem adquirir e os efeitos de sentido que provocam no usuário quando empregados numa produção.

HIPERMODALIDADE

A Semiótica da Hipermodalidade foi concebida pelo professor de Educação da Universidade de Michigan, nos Estados Unidos, Jay Lemke, e com base nos princípios da Linguística Sistêmico-Funcional, desenvolvida pelo linguista inglês Michael Halliday, para analisar a linguagem verbal. Para compreender a construção de sentidos e dar conta da integração de modalidades diferentes de linguagem do ambiente digital, Lemke também se vale dos conceitos que os professores de Educação da Universidade de Londres e de Ciências Humanas da Universidade de Sydney, Gunther Kress e Theo van Leeuwen, respectivamente, desenvolveram para a análise e compreensão da linguagem visual. Como esses dois autores também partem dos princípios teóricos de Halliday, Lemke desenvolve a Semiótica da Hipermodalidade tendo uma base teórica integrada dentro de uma mesma perspectiva funcional de linguagem. Essa perspectiva entende que a linguagem consiste de um conjunto de sistemas, cada um oferecendo ao falante/escritor uma gama de escolhas para a expressão de significados.

A noção de escolha é fundamental para entendermos a produção de significados como uma prática social. É a partir da noção de escolha que as atitudes dos interlocutores e a carga expressiva presentes numa manifestação discursiva podem ser compreendidas. Quando selecionamos apenas um item para empregar num enunciado ou em qualquer produção, dentro de um leque de opções disponíveis no sistema linguístico ou em qualquer outra linguagem, estamos desprezando todos os demais itens que também poderiam ter sido usados no mesmo contexto e não o foram. Nossas opções não são aleatórias, mas carregadas de significados culturais. Os significados são criados a partir de escolhas motivadas socialmente. O que escrevemos ou falamos, as cores ou fontes tipográficas que usamos num documento digital, as barras de navegação que colocamos numa produção, a roupa que vestimos e qualquer outra escolha de elementos de significação manifestam escolhas motivadas pelo contexto de cultura e de situação em que uma produção acontece.

No ambiente digital não há construção de significados apenas por meio de um único sistema semiótico. Lidamos com sistemas hipermodais que permitem a navegação por informações distribuídas de maneira multilinear e que envolvem várias modalidades integradas de linguagem além da verbal, como a linguagem imagética (fixa e em movimento), a sonora (em sons e músicas), a animação, além do uso das cores, fontes tipográficas e demais recursos gráficos para produção de significados; daí a necessidade de não privilegiar uma ou outra linguagem.

Isso implica a necessidade de percebermos os significados que cada elemento produz, levando em conta a sua relação com os demais elementos empregados, a integração do conjunto desses elementos no todo, além dos fatores que são específicos do meio e que também interferem na construção de sentidos na hipermídia, como os percursos de navegação e a expectativa de ação do usuário.

O usuário espera percorrer caminhos e executar ações: "entrar", "sair", "clicar", "comprar" etc. e não apenas ler ou ver imagens em textos impressos, mesmo que multimodais como revistas, folhetos, jornais etc. Essa expectativa de ação cria um outro papel ao usuário, diferente daquele que desempenha durante a leitura de um texto impresso. O ambiente digital oferece informações que são topologicamente distribuídas em arquiteturas que podem, inclusive, simular ambientes físicos em que há a ilusão de circulação espacial. Mesmo a leitura de hipertextos com arquitetura linear e pouca navegação demanda ações de circulação. É necessário que o usuário descubra caminhos e ferramentas para acessar conteúdos ou partes de conteúdos que podem ou não estar visíveis.

O percurso de navegação entre sites diferentes ou dentro de um mesmo site também produz sentidos para o leitor e interferem na construção do sentido final. A navegação se constrói por percursos do usuário através de sequências de lexias, isto é, as sequências de textos ou parte de textos, imagens ou sons, percorridos pelo usuário, por meio de **links**, e que constituem o que Lemke denomina de "texto lido". Há uma lógica de conexão e de criação de coerência entre as lexias, que são percebidas pelo usuário cumulativamente no decorrer de sua trajetória, mesmo que tenha seguido a trajetória criada pelo autor ou a trajetória fruto de uma navegação por sites externos. Um usuário pode, por exemplo, navegar por todos os links oferecidos num site, enquanto outro pode fazer uma navegação espontânea sem seguir os caminhos oferecidos pelo autor. Os dois terão diferentes "textos lidos" como resultado final de sua navegação, diferentes construções de sentido do mesmo site. Mesmo que o planejamento da navegação leve em conta os interesses do usuário e que as sequências de percursos potenciais sejam antecipadas pelo autor/designer, o sentido final que o leitor constrói não pode ser totalmente previsto pelo autor.

Para funcionar como um sistema completo de comunicação, os sistemas hipermodais produzem significados em três funções diferentes, mas que ocorrem simultaneamente: função representacional, que trata da representação da realidade; função orientacional, que diz respeito à interação entre os participantes de um evento comunicativo; e função organizacional, que se refere à organização e à mensagem internas do texto. Se apenas uma das funções for considerada, o sentido pode ficar ambíguo, já que a combinação entre os elementos de cada uma das funções não ocorre com a mesma probabilidade. Isto é, uma produção hipermídia que privilegie a representação, mas não construa significados orientacionais adequados ou tenha problemas na organização das informações, não alcançará seus propósitos, por mais persuasivas que sejam as escolhas visuais, verbais e/ou gráficas.

A maneira como as informações e as ações são oferecidas ou solicitadas ao usuário é compreendida pela função orientacional, na qual me deterei neste capítulo, já que é nesta função que os significados interpessoais são explorados.

Lemke define os significados orientacionais como os elementos que nos indicam o que acontece nas relações comunicativas e, quando identificados, nos auxiliam a entender como os participantes se relacionam entre si e com o conteúdo apresentado. São os significados que nos orientam em nossas ações e sentimentos em relação aos outros, e em nossas atitudes e valores em relação à comunidade em que vivemos. São equivalentes à metafunção interpessoal proposta por Halliday na Linguística Sistêmico-Funcional para analisar as escolhas interpessoais do falante/escritor ao empregar a linguagem verbal.

Para entendermos como Lemke aplica esses conceitos nos sistemas hipermodais, é importante esclarecer, primeiramente, como são concebidos na Linguística Sistêmico-Funcional. Essa abordagem considera qualquer interação um interato, em que os interlocutores desempenham papéis de fala. Ao usarmos a linguagem verbal numa interação estamos estabelecendo uma relação entre os participantes, a partir de papéis de fala básicos: "oferecer", que torna o interlocutor "convidado a receber"; e "pedir" que coloca o interlocutor na posição de "obrigado a dar". Uma interação pode girar em torno tanto de uma troca de informações quanto de uma troca de bens e serviços. Assim, qualquer interação pode acontecer como uma oferta ou pedido de informação, mas também como uma oferta ou pedido de bens e serviços. Esses movimentos, por sua vez, irão determinar quatro funções de fala: oferecimento e ordem, para bens e serviços; declaração e interrogação, para informação.

As declarações e interrogações são feitas por meio de proposições, já que trocam informações. Os oferecimentos e as ordens são feitos por propostas do falante/escritor. Tanto as proposições como as propostas podem ser aceitas ou recusadas pelo ouvinte/leitor. É possível recusar uma proposta de bem ou serviço, como receber um brinde, por exemplo, simplesmente não estendendo a mão para aceitá-lo ou não seguindo o caminho oferecido por um link, enquanto para pedir uma informação é necessário que o falante elabore uma mensagem que, no nosso caso, pode se realizar pelo preenchimento de um sistema de busca ou de um formulário, por exemplo.

Há diversos recursos de linguagem para produzir significados intermediários e quebrar a polaridade sim/não de nossas interações. É possível responder a uma interrogação com um "talvez", criando um efeito de dúvida, ou ainda, oferecer um bem como se fosse uma ordem. Enfim, a linguagem verbal oferece sistemas interpessoais que permitem a produção de sentidos de certeza, probabilidade, credibilidade, cordialidade, rispidez etc. Halliday[1] definiu e organizou esses significados no sistema de modalidade, subdividido, por sua vez, em dois subsistemas: modalização e modulação. A modalização organiza as possibilidades que o falante possui para oferecer ou pedir informação, em graus diferentes de certeza ou dúvida. E a modulação organiza as possibilidades de elaboração de propostas para pedir ou oferecer bens e serviços, em graus diferentes de inclinação ou ordem.

Na modalização há uma série de recursos de linguagem de que nos valemos para produzir significados de dúvida ou certeza sobre aquilo que afirmamos. Podemos usar esses recursos para produzir significados com um grau alto, médio ou baixo de modalização. A declaração, sem emprego de modalizadores, seria o ponto da certeza. Quando, por exemplo, declaramos "Ele foi!", não deixamos dúvida ao ouvinte/leitor de que acreditamos na veracidade da informação. A modalização alta emprega elementos para ampliar ainda mais o efeito de verdade da informação. Ao dizermos "*É claro que* ele foi", não estamos acrescentando mais nada à informação anterior, além da ênfase sobre a nossa certeza. Já um grau médio de modalização se realiza pelo emprego de elementos que despertam a incerteza como em "*Pode ser que* ele tenha ido"; enquanto um grau baixo de modalização estaria no polo oposto e se realizaria ao empregarmos elementos capazes de gerar dúvida sobre a informação veiculada: "*Não sei* se ele foi". Em todas essas possibilidades de uso, entretanto, a informação é alterada apenas na relação do falante/escritor com a verdade da informação. Ao fazer uso desses recursos de linguagem, podemos criar efeitos de sentido que afetam a credibilidade de nossas produções, já que refletem o compromisso e a responsabilidade do autor sobre aquilo que veicula.

Na modulação, são classificados os recursos de linguagem que empregamos para oferecer ou pedir bens e/ou serviços. São realizadas em graus diferentes que podem variar da obrigação até a inclinação do falante em fazer ou aceitar uma proposta. A modulação também pode atingir graduações altas, médias ou baixas, pelo emprego de recursos de linguagem que podem expressar cargas semânticas diferentes. Uma modulação de obrigação alta pode ser realizada por uma ordem: "você *tem a obrigação de* ficar em casa"; a obrigação média equivale, em geral, a uma necessidade: "você *precisa* ficar em casa"; e a modulação de obrigação baixa se realiza como uma permissão: "você *pode* ficar em casa". Já a modulação de inclinação alta tem o tom da convicção: "Estou *certa de que* você vai ficar em casa"; a inclinação média se realiza, geralmente, como uma atitude: "Eu *quero* que você fique em casa"; enquanto a inclinação baixa, como um compromisso: "Você *deve* ficar em casa". Em todos esses casos, também não há a alteração da proposta "ficar em casa". O que se altera é a relação de poder do falante sobre aquilo que fala e para quem fala.

Quando estendemos esses conceitos para o ambiente digital, vemos que, ao indicar um caminho num site, o autor escolhe não só o conteúdo do que está oferecendo ou o lugar em que um link aparecerá na página, mas também a maneira como essa lexia aparecerá na tela do usuário: pode, por exemplo, abrir automaticamente e na mesma página, sobrepondo-se à página anterior, ou abrir ao comando do usuário e numa janela externa que pode ser minimizada. No primeiro caso, trata-se de uma ação invasiva: a informação é imposta ao usuário; enquanto, no segundo, é lida apenas se houver interesse e com a liberdade de alterar o tamanho e deslocar a janela. São significados orientacionais que acrescentam sentido ao programa como um todo.

Como vimos, é possível, com esses significados, perceber e criar efeitos de proximidade, afastamento, credibilidade, relevância, entre outros significados interpessoais, construídos, não apenas pelas modalidades de linguagem empregadas, mas também pelas propostas de navegação oferecidas ao usuário. O uso de **pop-ups** (pequenas janelas que se sobrepõem automaticamente à página acessada), de janelas dimensionáveis, de links externos ou internos, entre outras soluções tecnológicas para o acesso a páginas ou a ferramentas interativas, também interfere na construção desses sentidos orientacionais, como veremos a seguir.

RESPONSABILIDADE SOBRE A INFORMAÇÃO

Na navegação de hiperdocumentos, assim como na linguagem verbal, também podemos perceber a responsabilidade do autor em relação à veracidade das informações que oferece ao usuário, em outras áreas do site ou por sites diferentes, que para serem acessadas exigem deslocamento ou navegação.

Quando as informações são oferecidas ao usuário como relevantes e verdadeiras, podemos considerar que houve emprego de um grau alto de modalização. O efeito de certeza sobre a verdade das informações oferecidas, mesmo que não tenham sido produzidas pelo autor do site e que sejam acessadas por links externos, por autores ou sites diferentes, é conseguido quando links disjuntivos[2] ou externos são fortemente vinculados ao site, encapsulados por alguma forma de representação visual ou gráfica.

A sensação de vinculação de lexias ao conteúdo do site pode se realizar tanto pela relação semântica entre o nome da palavra que disponibiliza o link e o título da página em que se encontra a informação, como pela repetição de escolhas de cores de fundo e de fontes tipográficas, ou ainda pelo uso de molduras, menus e barras de navegação fixos.

O site Brasil em Foco,[3] do Ministério da Cultura, é um bom exemplo de navegação com modalização alta. Nele são disponibilizados textos de diversos autores, acessados por links disjuntivos que abrem em janelas diferentes, mas que mantêm uma forte vinculação entre si. A identidade do conteúdo é mantida pela redundância das escolhas gráficas, principalmente pela repetição da cor das molduras, das fontes tipográficas, do fundo e dos menus que se mantêm fixos, criando a sensação de encapsulamento das diferentes lexias ao site. A repetição desses elementos sinaliza ao usuário que a página acessada é parte integrante do conteúdo, indicando que há um compromisso alto com a veracidade das informações veiculadas.

Quando há emprego de modalização média, a responsabilidade do autor sobre a verdade das informações veiculadas não é tão fortemente marcada. Acreditamos que ela se realize, geralmente, em sites em que as informações são indicadas por links externos, mas não são encapsuladas, visual ou graficamente, pelo site. O autor apenas remete o usuário a links externos pré-selecionados por ele, sem o uso de molduras ou de qualquer representação (gráfica, verbal, visual) que os vincule ao site. Embora o site para o qual o usuário é direcionado seja, geralmente, introduzido por um texto descritivo de apresentação, não há responsabilidade sobre as informações veiculadas, pois não existe nenhum vínculo autoral explícito entre as duas produções. Em muitos casos, essa indicação é feita por link unidirecional, isto é, um link que indica um caminho sem reversibilidade, o que aumenta a dissociação entre os sites, já que o caminho de volta não é oferecido ao usuário.

Muitos portais direcionados a assuntos específicos utilizam esses recursos para oferecer informações, por meio da apresentação de sites selecionados previamente. No portal SobreSites,[4] um guia de sites sobre informática, os sites são indicados por links unidirecionais e não estabelecem nenhuma vinculação gráfica ou autoral com o portal, que funciona apenas como um ponteiro para conteúdos oferecidos por diversos sites. A vinculação entre os sites indicados e a responsabilidade sobre a veracidade das informações que serão acessadas pelo usuário se restringem ao texto de apresentação. Assim, há apenas seleção e indicação de informações, mas não há responsabilidade pela verdade das informações veiculadas pelos sites indicados.

A modalização baixa, por sua vez, pode ser compreendida como as realizações em que não há compromisso do autor com a certeza sobre a verdade da informação. As informações são apenas oferecidas ao usuário, sem nenhum vínculo visual e gráfico ou mesmo de pré-seleção. Como exemplo, temos os casos em que os links oferecidos ao usuário não são sequer selecionados pelo autor, que oferece apenas um sistema de busca ao usuário, responsável, ele mesmo, por sua própria seleção.

A maioria dos jornais digitais e portais, como a *Folha Online*[5] e o UOL,[6] têm usado esse recurso como forma de oferecer informações adicionais às notícias que veiculam. Os links oferecidos nas notícias, entretanto, apenas remetem o usuário para uma pesquisa no banco de dados do jornal, com o acesso a todas as informações associadas à notícia, sem relação direta com o assunto presente nela. Não há responsabilidade nem pela seleção das informações encontradas nem por uma busca refinada, direcionada ao tópico específico da notícia. O usuário que quiser saber mais sobre o assunto terá um longo caminho de seleção. Nesse caso, o compromisso do autor com as informações oferecidas está vinculado ao banco de dados do próprio jornal, o que apenas estabelece a relação com a credibilidade (ou não) da instituição.

LIBERDADE OU RESTRIÇÃO DE PERCURSOS

A modulação na navegação, por sua vez, pode ser entendida como o subsistema que diz respeito à maneira como as propostas de navegação para oferecer ou pedir bens e serviços são elaboradas. Para que o usuário tenha acesso a bens e/ou serviços, muitos sites exigem ações como as de abrir e fechar janelas, registrar senhas, preencher formulários etc. Podemos perceber variações na maneira como as propostas são oferecidas ou solicitadas, em graus diferentes de obrigação e de inclinação. Para essa variação também adotamos a mesma gradação da linguagem verbal: modulação alta, média e baixa.

A modulação alta, da mesma forma que é empregada para a linguagem verbal, se realiza em interações em que as propostas de bens e serviços são feitas pelo autor como uma ordem. No caso de propostas elaboradas no ambiente digital, podemos considerar modulação alta toda informação oferecida por meio de uma navegação que é imposta ao usuário, que o impede de executar outras ações, que cria a sensação de invasão e que impede a livre navegação do usuário fora ou dentro do site.

Observando a navegação na internet, vemos que pode se realizar, por exemplo, com o emprego de pop-ups, criação de becos sem saída;[7] redirecionamento automático a outros endereços URL; emprego de músicas e elementos sonoros sem a opção de bloqueio do som; animações de introdução que não podem ser interrompidas, entre outros recursos que não param de ser constantemente criados, usados principalmente por sites comerciais com a intenção de obrigar o usuário a se deter sobre algum objeto (verbal, visual e/ou sonoro) ou impedi-lo de sair de alguma área.

O recurso de disponibilização de informação por meio de pop-ups é largamente empregado para propaganda em portais e sites comerciais. Quando usado para este fim, é um recurso extremamente agressivo, uma vez que impede a livre movimentação do usuário: enquanto a janela de pop-up não é carregada não é possível navegar. O usuário precisa esperar para poder ler a tela ou acessar áreas restritas. Além de se sobrepor à página e assim impedir a leitura do que estiver sob ele, também exige a ação de ser fechado. O interessante é que vários portais oferecem um programa bloqueador de pop-ups a seus assinantes, mas não deixam de empregar o recurso.

No redirecionamento automático, o usuário, ao fechar uma página ou sair de um site, é levado para outro endereço na internet, em geral, comercial. O usuário é surpreendido com a entrada automática em outro site, sem que possa interromper o mecanismo de redirecionamento, a não ser fechando seu navegador.

O portal Bradesco é um bom exemplo desses recursos. Além do uso de pop-ups, ao encerrar suas atividades na área restrita a correntistas, protegida por senhas, e fechar a página, o usuário volta para a **home page** do banco, onde é surpreendido com a entrada automática no site do portal Shopfácil, um site de compras on-line, ligado a essa mesma instituição financeira. Não há como o usuário interromper o mecanismo de redirecionamento, a não ser fechando seu navegador.

A modulação média pode ser entendida como a que oferece ou solicita bens e serviços mediante a execução de alguma ação do usuário. Nesse sentido, ainda impõe e restringe ações, mas já permite a opção de escolha de acesso. O usuário pode escolher entre acessar ou não um link. Para isso, podem ser empregados recursos como restrição de áreas de acesso a bancos de dados por meio de senhas, para as quais são necessários o pagamento de taxas ou o preenchimento de formulários com a identificação do usuário. Se as solicitações forem cumpridas, os acessos são liberados.

Em alguns portais, revistas ou jornais digitais, por exemplo, são oferecidas várias manchetes que são links para as matérias. Para ler uma das matérias, normalmente, o usuário deve passar o mouse sobre o texto e clicar sobre ele. Essa ação, embora pareça levar o usuário à lexia selecionada, apenas o redireciona para um site externo, em que o acesso à matéria é restrito a usuários cadastrados ou a assinantes do portal.

O usuário, se ainda quiser ler a matéria, deverá se cadastrar ou identificar-se como assinante. Se resolver ir em frente, cadastrando-se ou identificando-se, a sequência de ações solicitadas acaba por interromper a vinculação de sentido entre o link e a matéria selecionada, interferindo na construção de sentidos. São barreiras que impedem a livre navegação, restringindo caminhos e direcionando ações. Além disso, podem produzir informações nem sempre visíveis ao usuário mais ingênuo: o cadastro em sites, por exemplo, gera uma base de dados que pode ser empregada pela própria empresa ou até comercializada.

Como navegação com modulação baixa estamos considerando aquela construída no sentido de oferecer a liberdade de opções para o usuário e de não o prender ao site. Pode se realizar quando não há emprego de janelas ou quaisquer outras páginas que se abram sem a ação voluntária do usuário. Para que essa navegação livre se realize, são oferecidos recursos que promovam acesso a todas as áreas principais e subáreas, tais como: mais de uma opção de navegação, acesso à maioria dos níveis de páginas diferentes do site em todas as seções, menus e barras de navegação claramente visíveis e com alternativas de acesso (como sistemas de busca, além das barras de navegação), janelas dimensionáveis pelo usuário, links oferecidos sem restrições de senhas ou preenchimento de cadastros. Nesse caso, as informações são oferecidas ao usuário, que apenas tem como demanda acessá-las, livremente, seguindo o percurso que desejar.

Navegar, andar entre sites ou entre áreas diferentes de um mesmo site são ações oferecidas por quem projetou o espaço para que pudéssemos ler, jogar, comprar, enfim, interagir. Perceber os efeitos de sentido que cada elemento envolvido numa produção é capaz de gerar pode tornar mais conscientes os processos de criação, contribuindo para a elaboração de espaços mais adequados ao propósito e ao gênero do que se quer produzir.

A tecnologia ainda é vista, entretanto, como um elemento à parte do processo de criação, excluída das escolhas comunicativas, quando deveria estar integrada a qualquer projeto desde os primeiros esboços.

Os recursos tecnológicos muitas vezes são resolvidos por equipes diferentes das que cuidam dos aspectos comunicativos;

suas escolhas, em geral, são feitas em função apenas da praticidade de utilização de programas de autoria ou da adaptação às especificidades técnicas dos equipamentos do público-alvo, como o acesso à **banda larga** ou a computadores mais potentes, mas sem levar em conta os aspectos de sentido que essas escolhas trazem à produção como um todo.

Como vimos, a navegação proposta numa produção não é neutra, é capaz de gerar significados orientacionais que vão além da simples circulação do usuário pelos percursos oferecidos, interferindo diretamente na construção de seu "texto final". Podem liberar ou restringir a ação do usuário; ou estabelecer a relação entre autor/usuário pela maneira como o autor se responsabiliza (ou não) pelas informações que veicula.

Mais do que estabelecer uma classificação exaustiva das realizações típicas desses recursos, com essa reflexão busquei compreender os efeitos de sentido criados na construção de percursos de navegação, considerando, fundamentalmente, a constante negociação de significados entre autor/usuário. Com isso, espero indicar parâmetros mais claramente definidos para a criação e avaliação críticas de programas hipermídia.

NOTAS

1 M. A. K. Halliday, An Introduction to Functional Grammar, London, Edward Arnold, 1994, pp. 88-91.

2 Os links disjuntivos abrem em páginas diferentes da que o usuário está acessando. Podem ser internos ou externos ao site.

3 Site do Ministério da Cultura, <http://www.mre.gov.br/cdbrasil/itamaraty/web/port/artecult/musica/apresent/index.htm>.

4 Acesse: www.sobresites.com.

5 Acesse: www.folhaonline.com.br.

6 Acesse: www.uol.com.br.

7 Percursos de navegação em que o usuário é direcionado para páginas que não oferecem o caminho de volta, criados, normalmente, com a intenção de deter o usuário e prender sua atenção sobre alguma informação ou serviço.

REFERÊNCIAS BIBLIOGRÁFICAS

Burbules, N. C. Rethorics of the web: hyperreading and critical literacy. *Page to Screen:* Taking Literacy into the Electronic Era. Sydney: Allen and Unwin, 1997, pp. 102-22.

HALLIDAY, M. A. K. *An Introduction to Functional Grammar*. London: Edward Arnold, 1994.

HORTON, W. *Design and Writing Online Documentation*: hypermedia for self-supporting products. New York, Chichester, Brisbane, Toronto, Singapore: John Wiley and Sons, Inc., 1994.

KRESS, G.; VAN LEEUWEN, T. *Reading Images:* The Grammar of Visual Design. London: Routledge, 1996.

LANDOW, G. P. *Hypertext 2.0; Being a Revised, Expanded edition of hypertext*: the convergence of contemporary critical theory and technology. Baltimore: The Johns Hopkins University Press. Disponível em: <http://www.cyberartsweb.org/cpace/cspaceov.html>, 1997. Acesso em: 20 jan. 2006.

LEMKE, J. L. Travels in hypermodality. *Visual Communication*. London, Thousand Oaks e New Delphi: Sage Publication, 2002a, vol. 1, n. 3, pp. 299-325

___________. *Travels in Hypermodality*. City University of New York. Disponível em: <http://academic.brooklyn.cuny.edu/education/jlemke/papers/hypermodality/travels>. 2002b. Acesso em: 20 jan. 2006.

___________ *Towards a Theory of Traversal*. City University of New York. Disponível em: <http://academic.brooklyn.cuny.edu/education/jlemke/papers/hypermodality/travels>, 2002c. Acesso em: 20 jan. 2006.

LÉVY, P. *Cibercultura*. São Paulo: Editora 34, 2001.

LOPES, M. C. *Homepages institucionais em português e suas versões em inglês*: um estudo baseado em corpus sobre aspectos lexicais e discursivos. São Paulo, 2000. Dissertação (Mestrado) – LAEL-PUC.

VON STAA, B. *Elaboração e avaliação de design de curso instrumental on-line de escrita acadêmica em inglês*. São Paulo, 2003. Tese (Doutorado) – LAEL-PUC.

WATTERS, C. R.; SHEPHERD, M. *The Role of Genre in the Evolution of Interfaces for the Internet*. Disponível em: <http://web.archive.org/web/19981207053644/net97.dal.ca/970326-03/>. Acesso em: 20 mar. 2006.

A VELOCIDADE NECESSÁRIA

Sem levar em consideração simplificações e rótulos como "pós-modernidade", parece haver um consenso nas mais variadas áreas das ciências humanas de que as sociedades industrializadas enfrentam mudanças profundas em suas dinâmicas desde o fim da Segunda Guerra Mundial, com uma particular aceleração a partir dos anos 70 do século XX. As mudanças têm sido localizadas e descritas, não sem muita polêmica e desacordos, no âmbito da economia (mundialização, financeirização, capitalismo flexível), da política (crise do Estado-Nação, neoimperialismo) e da cultura (pós-modernismo, fim dos metarrelatos e teleologias). Usarei o termo "pós-modernidade" como uma espécie de "guarda-chuva" conceitual, simplificando e generalizando esse conjunto de mudanças que vários autores tratam por nomes diferentes.

Mas a dificuldade não acaba aí. Qualquer conceito tão abrangente ainda esbarra na evidente desigualdade entre as regiões mais ricas e mais pobres do mundo, sempre restando uma sensação de inadequação. Quem, afinal, está na "pós-modernidade"? É possível falar em "pós-modernidade" da mesma forma nos confins do Quênia, na Austrália ou na Suécia? Mesmo em um único país, como o Brasil, há uma única "pós-modernidade" no semiárido nordestino, em Manaus e em São Paulo?

Encaixar diferentes realidades numa única forma de rotular o tempo presente é sempre uma simplificação, mas podemos pensar que essas diferenças, embora não sejam fenômenos recentes, sejam, na verdade, constituintes daquilo que estou tentando chamar de "pós-modernidade". A desigualdade sempre existiu, mas, como veremos, nossa época tem a sua própria forma de lidar com ela, de construí-la e de dar-lhe um sentido. Assim, as desigualdades entre sociedades não anulam a ideia de "pós-modernidade", mas, antes, ajudam a constituí-la.

Partirei da hipótese, sustentada por diversos autores, de que uma das características fundamentais desse momento é a chamada "crise do Estado-Nação". Entre as diversas formas de interpretar essa crise, destacaremos uma: a polarização da sociedade.

Com "polarização da sociedade" queremos apontar o fenômeno que cada vez menos o "povo" de um país pode contar com a certeza de um destino comum: a pequena parcela dos afortunados radicalizou sua independência em relação aos desvalidos, de maneira que é plenamente possível a essa parcela "se dar bem" economicamente, mesmo quando o restante de seus compatriotas desaba na miséria e na fome. Na verdade, essa pequena parcela nem se sente mais atada ao país: são cidadãos globais, cosmopolitas profissionais que giram pelo mundo conectados às redes de comunicação via satélite. Essa pequena parcela, no entanto, forma um todo coerente com a massa de desvalidos: uma única humanidade, dois destinos que não se tocam, separados por aparatos de segurança, muros nem sempre visíveis e, principalmente, *velocidades distintas*. Este é o pano de fundo sobre o qual nos propomos a refletir sobre o papel dos computadores (e das tecnologias informáticas em geral) no mundo contemporâneo.

A INFORMATIZAÇÃO DO COTIDIANO

Chama a atenção daqueles que se dedicam ao estudo das implicações sociais da tecnologia a "coincidência" cronológica entre o período dessas mudanças e o fenômeno da *informatização do cotidiano*, perceptível com mais clareza no "barco" dos ricos, mas que não deixa de chacoalhar com suas ondas a "jangada" dos pobres. Chamo de *informatização do cotidiano* não apenas a disseminação de equipamentos de informática, mas também (e sobretudo) o surgimento e o predomínio de práticas culturais mediadas por esses equipamentos. Bater papo na internet, mandar mensagens de texto pelo celular, usar cartões com chips nos bancos (e até nos ônibus), assistir vídeos e ouvir músicas em formato digital: tudo isso faz parte desse fenômeno, que ganhou força a partir dos anos 70 do século xx.

É também mais ou menos na mesma época que começam a surgir autores apontando para as profundas transformações sociais que estariam deixando para trás a chamada "modernidade industrialista". Citamos, por exemplo, o clássico *The Coming of Post-Industrial Society*, do sociólogo nova-iorquino Daniel Bell, lançado em 1973, já apontando a crise do chamado "industrialismo"

Dado que o desenvolvimento e a disseminação da informática "coincidem" com aquilo que vários autores apontam como a uma crise no industrialismo (com profundas implicações sociais), é praticamente irresistível associar uma coisa à outra: seria a crise da modernidade industrial a causa da informatização do cotidiano? Ou foi a informatização que detonou (ou acelerou) a crise?

Evidentemente, essas são falsas questões. Mais pertinente que apontar nexos de causalidade é traçar algumas relações de mútua implicação. Informatização e "pós-modernização" podem ser entendidas como uma espiral ascendente de autorreforço, ou seja: traços das formas de produção e da cultura contemporâneas podem ser mais bem compreendidos a partir de características da informatização, assim como esta torna possível o desenvolvimento das forças potenciais na produção e na cultura.

Alguns autores contemporâneos, como Antonio Negri e Michael Hardt, chegam a tratar a "pós-modernização" como sinônimo de "informatização". Para eles, enquanto "modernidade" significa "industrialização", a "pós-modernidade" não é outra coisa senão o surgimento de uma sociedade baseada na informática. Enquanto a modernização foi a passagem de uma economia predominantemente rural para a fábrica, a "pós-modernização" é a transição das sociedades fabris para um modelo de produção em que o fundamental é o fluxo de informações e a prestação de serviços.[1]

VELOCIDADE E MERCADORIA

De todos os traços constituintes e mútuos entre a informatização do cotidiano e a pós-modernidade, o mais marcante é, sem dúvida, o vetor da *velocidade*. A mudança acelerada e sem finalidade é um ponto nodal que faz convergir esses dois movimentos, integrando-os tanto no nível da produção quanto da cultura.

Mas aceleração não é exclusiva das sociedades contemporâneas. Ela sempre esteve presente em toda a história do capitalismo industrial, sendo o eixo orientador de modos de produção como o fordismo/taylorismo. A indústria sempre teve na *velocidade* um gargalo estrutural, já que, fundamentalmente, produzir em escala industrial significa criar a maior quantidade de produtos no menor tempo possível. Essa era a obsessão do cronômetro de Taylor e da linha de montagem: reduzir ao mínimo o tempo de fabricação aumentando ao máximo a velocidade com que máquinas e operários realizavam seus movimentos.

Na verdade, em termos mais abstratos, a própria forma-mercadoria típica das sociedades capitalistas implica uma *necessidade de velocidade*, devido a seu caráter dual: a separação entre *valor de uso* e *valor de troca*. Se, do ponto de vista do consumidor, a mercadoria é a satisfação de uma necessidade (valor de uso), do ponto de vista do capitalista ela é apenas um meio de fazer dinheiro. A mercadoria, para o capital, é quase um incômodo, uma etapa formal a ser superada na busca pela valorização incessante. Quanto antes essa etapa for vencida, melhor. O dinheiro não pode ficar muito tempo aprisionado na forma da mercadoria. Ele deve girar e carregar todo o conjunto da sociedade em seu turbilhão irresistível.

A linha de montagem fordista e o cronômetro "científico" de Taylor, portanto, não foram senão formas de aceleração comandadas pela necessidade de valorização do capital. Toda a divisão social do trabalho que daí advém é resultado desse imperativo: há os que comandam o ritmo e os que são comandados por ele. O sociólogo polonês Zigmunt Bauman[2] sintetiza as aspirações de domínio dessas formas de organização da produção afirmando que o domínio do tempo era o segredo dos patrões nas indústrias. A "pirâmide do poder" era feita de velocidade: no topo, os que podiam se mover, mudar, adaptar-se ao mercado e tirar vantagens dos ganhos de velocidade; na base, o operário atado à linha de montagem, com os gestos ritualmente padronizados e controlados no tempo. Como extensão da máquina, o operário só podia seguir o ritmo imposto pelas engrenagens.

A aceleração da fábrica fordista/taylorista, no entanto, tinha limites. Os pesados investimentos em estruturas físicas e maquinários eram um empecilho à aceleração máxima, como atesta o próprio termo "capital *fixo*". A fábrica "fixava" as contradições: obrigava o capital a conviver com o trabalho e com o Estado. Estavam os três atados, quase sempre numa relação tensa, mas irremediavelmente "face a face", na linha de montagem. O poder tinha que se exercer direta e visivelmente, dando margem, portanto, a questionamentos e embates. A greve, o absenteísmo, os "erros" de produção que desperdiçavam matéria-prima e outras formas de resistência dos trabalhadores (propositais ou não) faziam do capital refém daqueles que eram comandados por ele.

O que se quer é mostrar como a "necessidade de velocidade" é uma característica intrínseca ao modo capitalista de produzir. Para o artesanato da idade média ou para o sistema de autoprodução, em que o trabalho não visa ao mercado, mas diretamente à satisfação de necessidades dos produtores, a aceleração da produção é, no mínimo, estranha. Se eu planto para dar de comer à minha família, não faz sentido colher excedentes cada vez maiores ou procurar formas de acelerar a maturação dos frutos para ter mais safras anuais. Mas se eu planto para *vender* minha safra, o objetivo será colher o máximo no menor prazo possível, mesmo que eu tenha que usar pesticidas, adubos químicos, sementes transgênicas ou maquinários caros.

A necessidade de aceleração levou o capitalismo a progredir em direção a sistemas e métodos cada vez mais ágeis e "leves", colocando em xeque a imagem de fábricas gigantescas nas quais patrões e sindicatos se enfrentam diariamente. Destruir essa "prisão compartilhada" em que se tornou a fábrica fordista passou a ser uma tendência, que desembocou na chamada "especialização flexível".

DO FIXO AO FLEXÍVEL

É desnecessário delinear todas as características da "especialização flexível" (nem de seus correlatos "acumulação flexível", "capitalismo desorganizado", "pós-fordismo" etc.), tampouco ingressar nas polêmicas que essas teorias suscitam. Como hipótese, porém, pode-se destacar duas características centrais desse modelo para tratá-las como formas paradigmáticas, as quais, ainda que possam eventualmente não refletir a prática concreta da maioria das empresas no mundo (e talvez nem mesmo nos setores mais importantes), funcionarão, no mínimo, como um "horizonte de possibilidade", uma tendência ainda cambiante, mas que luta para tornar-se hegemônica. Essas características são: a intensa e constante *busca pela diversificação* e a *descentralização da produção*.[3] É aqui que começa a história dos computadores na vida cotidiana.

A *diversificação* das mercadorias, mesmo que seja só aparente (na embalagem ou com a implementação de pequenas mudanças cosméticas), só atingiu um ritmo acelerado sem se tornar arriscada demais para os investidores com o uso intensivo de tecnologias digitais. O consultor de empresas norte-americano Jeremy Rifkin exemplifica bem o impacto da informática na diminuição do ciclo de planejamento e pesquisa dos produtos: a Chrysler levou 54 meses, com uma força de trabalho de 3.100 funcionários, para desenvolver e fabricar o seu carro K no final da década de 1970 e início de 1980. Hoje, a divisão de pesquisa e desenvolvimento da empresa pode entregar um novo carro em menos de dois anos e espera-se que, num futuro próximo, esse mesmo processo possa demorar apenas três dias.

O que possibilitou essa aceleração, sem dúvida, foi a informatização do departamento de desenvolvimento. Sem o computador, cada lançamento, cada atualização, demandaria um esforço tremendamente maior e uma margem de risco insustentável, já que aumentaria o capital investido em pesquisa, sem garantias de retorno.

A *descentralização*, por sua vez, tende a diminuir a interdependência entre capital e trabalho: no lugar de grandes fábricas, cheias de operários produzindo todas as peças necessárias à construção de um produto final (um carro, por exemplo), o atual arranjo prioriza o esquema de terceirização e de fragmentação da produção. As partes são compradas de outras empresas menores e montadas pela "fábrica-mãe".

Assim, as empresas mais dinâmicas do mundo contemporâneo têm poucos "empregados": a maioria do trabalho é feita por dezenas de outras empresas pequenas e não é raro o caso em que essas subcontratadas terceirizem sua produção mais uma vez para empresas ainda menores ou para "profissionais autônomos". A "relação de assalariamento" entre patrão e empregado é substituída por uma "relação comercial" entre duas empresas, sem encargos ou responsabilidades trabalhistas.

Além disso, esse arranjo permite que a empresa contemporânea contrate serviços em qualquer lugar do mundo, buscando taxas de retorno maiores, trabalhadores mais dóceis e governos mais generosos. A estratégia da empresa flexível é a fuga e o desengajamento, precedidos ou não por ameaças e barganhas (são cada vez mais comuns as negociações entre empresas e governos para a concessão de incentivos fiscais, relaxamento de direitos trabalhistas e contratos privilegiados em troca de investimentos e manutenção de postos de trabalho).

Até o princípio da propriedade, sagrado nos primórdios da industrialização, é sacrificado em nome da agilidade e do escapismo. No lugar do "proprietário dos meios de produção", inimigo sempre facilmente identificável, surgem os "investidores", que podem estar em qualquer lugar, a qualquer momento. No lugar do "dono", um grupo anônimo e sem face de funcionários dirigentes que não fazem senão cumprir "ordens superiores" ou atender às "normas do mercado" para maximizar os lucros. A "propriedade", em si, evidentemente permanece como um pilar do capitalismo, mas é dinamizada na forma de participações acionárias, fusões, conglomerados, cadeias produtivas, *joint-ventures* etc.

Esse modelo, destacado com detalhes em vários trabalhos, não pode ser concebido sem o suporte das ferramentas informacionais. Redes de comunicação controladas por computadores são absolutamente indispensáveis para integrar um processo produtivo que virtualmente pode ir para qualquer lugar do globo terrestre. As empresas contemporâneas, pelo menos as mais dinâmicas, são, na verdade, uma "rede": uma coligada responde pela pesquisa em Tóquio; outra desenvolve o marketing em Londres; uma terceira faz os protótipos na China, que envia os desenhos para produção em escala na Tailândia, antes de remetê-los para comercialização em Porto Alegre. A informática é a coluna vertebral que sustenta a grande operação capitalista contemporânea.

A ACELERAÇÃO CONTÍNUA

A solução, porém, trouxe um problema: acelerar a produção sem uma contrapartida equivalente no consumo implica uma crise de superprodução (baixa do valor dos produtos mediante uma oferta superior à demanda). Durante os anos dourados da indústria fordista, a aceleração da linha de montagem era compensada pela ampliação constante de mercados, através, principalmente, das exportações. Mas o cenário mudou.

A disseminação dos meios de comunicação de massa (e, consequentemente, da publicidade) apontou ao capital um caminho mais lucrativo: o incentivo à ampliação do consumo local. Um anúncio publicitário de uma loja de departamentos nova-iorquina, em 1953, ilustrava a nova estratégia: Dizia: "Sobrevivência econômica depende do consumo. Se você quiser ter mais bolo amanhã, tem que comer mais bolo hoje. Quanto mais consumir, mais você terá e mais rápido".[4] Não importa que se tenha fome ou não. Se empanturrar de bolo é a única forma de manter a indústria e o comércio pagando salários, que serão usados para se comprar mais "bolos" e manter a velocidade necessária ao capital. Acelerar e produzir tornam-se fins em si mesmos, desconectados de qualquer vestígio de "utilidade". Em outras palavras, manter o capital investindo e fazendo girar a economia torna-se o objetivo final das sociedades, deixando de lado qualquer critério de "satisfação das necessidades humanas". As necessidades de reprodução do capital vêm em primeiro lugar, e *só dentro delas* o ser humano pode ser pensado.

O problema central passou a ser este: como vender mais "bolo" a quem não tinha fome? É evidente que, para isso, o consumo não poderia mais estar ancorado em "valores de uso" ou "necessidades", mas tinha que migrar para motivações de outra natureza. O caminho seguido foi o da *obsolescência simbólica planejada*, ou seja, fazer com que a mercadoria perdesse o seu encanto o mais rapidamente (logo depois da compra, se possível), sendo substituída, no plano do desejo, por um modelo "mais atualizado".

O caso mais claro dessa estratégia é a *moda*, entendida não apenas como "vestuário", mas como forma genérica de apreensão *estética* dos objetos. Até o início da Segunda Guerra Mundial, o foco principal das inovações na indústria era o aprimoramento dos métodos de produção ("aprimoramento" do ponto de vista do capital: aumento da produtividade, redução de custos, aproveitamento ótimo das matérias-primas). A partir desse ponto, com o extraordinário salto tecnológico propiciado pelos esforços de guerra *e com o desenvolvimento da informática*, as inovações no processo de produção se desenvolveram relativamente menos depressa que as mudanças nas mercadorias (formulações, estilo, apresentação etc.). A estratégia adotada passou a ser o lançamento contínuo de "novos" produtos ou de pequenas modificações que "tiravam de moda" o produto anterior. Tratava-se, no fundo, de vender mais para os mesmos consumidores.

É isso que permite ao sociólogo austríaco André Gorz afirmar que, no capitalismo contemporâneo, o necessário e o supérfluo, o útil e o inútil, a "produção de desperdício" e a "destruição de riquezas estão absolutamente confundidos".[5]

O computador tornou-se, então, a ferramenta ideal para aliar a nova produção flexível aos mercados expandidos pela obsolescência simbólica. Ele diminui sensivelmente o tempo de desenvolvimento de novos produtos e fornece um canal de comunicação ágil o bastante para incorporar as tendências da moda ao processo fabril. Ele permite uma rápida, eficiente e precisa sondagem de mercado, assim como o surgimento de linhas de montagem quase "sob medida". Ele permite que a informação, doravante matéria-prima essencial para o planejamento de novos produtos, flua entre os parceiros da indústria, do comércio e do *marketing*. O desejo do consumidor instantaneamente alimenta o processo produtivo e estabelece um canal que permite um relacionamento de longo prazo entre a empresa e seus "usuários".

Finalizando a cadeia de aceleração, o fenômeno conhecido como "convergência digital" permite ao capital trabalhar sob uma plataforma produtiva única, acelerando ainda mais o processo ao permitir mudanças expressivas nas linhas de montagem sem grandes investimentos de capital ou de tempo. Seja para se fazer geladeiras, carros ou apólices de seguro, trata-se apenas de reprogramar *bytes* e não de ajustar ou substituir máquinas.

O impacto no mercado de trabalho é visível: toda a habilidade arduamente desenvolvida pelos operários especializados é reduzida a um conhecimento mais ou menos padronizado, ligado a operação de equipamentos digitais. O tempo de formação de um operário cai de modo drástico, assim como o custo do seu trabalho. Como todos têm basicamente a mesma formação, são facilmente substituíveis sem as barreiras da geografia. Um operário de Cingapura manipula os mesmos dispositivos de seu equivalente nos Estados Unidos, por uma fração de seu salário.[6] O chamado "trabalho de escritório" ou de "colarinho branco", que se tornou numérica e socialmente mais relevante nas sociedades industrializadas contemporâneas, também sofre o mesmo processo de desqualificação. Informatizadas e padronizadas, as tarefas administrativas são menos dependentes do talento ou da capacidade de trabalho dos profissionais. Sem o peso do trabalho, o capital corre mais rápido.

A CASA E A REDE

A informatização do cotidiano também se revelou uma forma de facilitar a penetração do novo esquema produtivo em todo o tecido social, graças à sua imensa capilaridade potencial. Seguindo outros autores, essa relação entre produção e consumo pautada pela aceleração constante do cotidiano é uma forma de "taylorismo social", ou seja, a organização *total* da sociedade baseada em métodos de controle "científico" do tempo e do ritmo, integrada definitivamente ao processo produtivo. O "lar", por exemplo, se torna uma "base de negócios" e o computador colabora para transformá-lo em um "nó" da rede produtiva. O processador de texto, a planilha eletrônica, o programa de tratamento de imagens que atendem ao usuário final são os mesmos necessários ao mercado. E mais: o próprio ambiente e os traços cognitivos necessários a um usuário que joga um *videogame* ou participa de um bate-papo são imediatamente apropriáveis como habilidades a serviço do capital. Esse fato pode ser celebrado por alguns, uma vez que torna "*soft*" e "lúdico" o processo de aprendizagem para a produção: o usuário se relaciona desde cedo com as ferramentas que serão capazes de "facilitar" sua inserção no mercado e sua integração à sociedade. No processo, assimila a necessidade de aceleração, os modismos e participa ativamente do *continuum* produção-consumo. Caso se esforce bastante, invista em sua própria qualificação e tenha um pouquinho de sorte, será um bom cidadão produtivo e um consumidor dedicado. E continuará assim, enquanto conseguir se manter em aceleração constante.

A informatização do cotidiano, ao mesmo tempo em que naturaliza a integração no mercado capitalista estendendo traços do trabalho à esfera doméstica, colabora incisivamente no processo de formação de subjetividades compatíveis com a lógica da aceleração. Ao inserir-se no fluxo excessivo e caótico de informações, padrões e referências, sendo parte ativa do ciclo de criação e destruição sem outro objetivo ou sentido que não o próprio movimento, o sujeito é jogado na permanente instabilidade e, consequentemente, num mundo em que tudo é incerto e temporário. O humano é lento e local, comparado ao ritmo do capitalismo, rápido e global. Não resta a ele (humano) senão correr, adaptar-se, tentar acompanhar o ritmo ou, pelo menos, ser mais rápido que seu vizinho. Não nos esqueçamos do ditado: "o diabo leva o último da fila".

Claro que instabilidade não pode ser atribuída exclusivamente à informatização do cotidiano. Mas, pelo que já foi exposto, fica difícil excluí-la desse processo ou negligenciar suas implicações. A informatização participa ativamente da aceleração e, como tal, torna-se um dos pilares da insegurança estrutural. Por outro lado, foi a necessidade de aceleração da forma mercadoria que criou o ambiente propício à informatização do cotidiano. Reiteração e codependência definem melhor essas relações do que sistemas fechados de causalidade.

Pode-se argumentar, com razão, que a modernidade industrial também foi desestabilizadora (veja-se o grande contingente de trabalhadores rurais e artesãos que foram desenraizados de seu modo de vida tradicional para se transformarem em operários fabris). Mas o que mudou, da fase de acumulação primitiva, nos primórdios do capitalismo industrial, para o mundo contemporâneo, foi a forma como indivíduo é chamado para integrar-se ao capital.

SUA MAJESTADE, O INDIVÍDUO

A especialização flexível, no lado da produção, e a obsolescência simbólica, no lado do consumo, são formas de produzir que penetram todo o tecido social com o apoio das redes de comunicação (de massa, num primeiro momento, e informáticas, mais recentemente). O quadro se completa com mais uma transformação social abrangente, que se realiza com apoio da informatização do cotidiano: a individualização ou "privatização" das sociedades.

O sociólogo alemão Ulrich Beck, conhecido como autor da ideia de "Sociedade de Risco", analisa os modos de mudanças sociais em um modelo de três estágios, tendo como motor das transformações o ganho de relevância gradual da ideia de *indivíduo*, em contraposição à perda dos referenciais *coletivos* e *comunitários*. O modelo sugerido tem três momentos: da tradição à modernidade simples e desta à "modernidade reflexiva".[7] A primeira passagem desloca estruturas tradicionais de pertença, como a família e a Igreja, mas não radicaliza a individualização. Essas instituições são apenas substituídas por outras, mas afeitas ao espírito racionalizador do iluminismo, como o partido ou o sindicato. Nesse primeiro momento há uma migração do modo de integração social calcado nos "significados compartilhados" para os "interesses compartilhados". A pós-modernização só se dá quando o indivíduo se encontra emancipado – e desamparado – das estruturas coletivas e abstratas, pronto para construir e modificar sua biografia por si mesmo, mas, mais do que isso, sem contar com nenhuma certeza "externa" para realizar a tarefa de individualização.[8] Bauman também sublinha esse fenômeno (sob o binômio privatização/desregulamentação), destacando a relação entre a incerteza e o individualismo que marcam as sociedades contemporâneas: "Os medos, ansiedades e angústias contemporâneos são feitos para serem sofridos em solidão. Não se somam, não se acumulam numa 'causa comum', não têm endereço específico, e muito menos óbvio".[9]

Na sociedade informatizada, a necessidade de velocidade soma-se à ideia de "individualização" e de "privatização". O indivíduo é a única instância que pode ser plenamente responsabilizada pelo seu lugar de inserção no mundo, sendo que esse lugar nunca está garantido "para sempre". São necessários o investimento constante, o *upgrade*, o abandono de posições antigas e a eterna conquista de novas. A esse indivíduo cabe aquilo que Eugênio Trivinho denomina "dromoaptidão",[10] ou seja, a capacidade de ser veloz, acompanhando cada movimento da tecnologia e da sociedade. O computador, ele mesmo uma máquina sempre *de uso privativo* e sujeita a *atualizações constantes*, será a senha de acesso à velocidade.

A tendência, já anunciada nas grandes máquinas da indústria fordista, só atingiu seu ponto de maturação nas sociedades informatizadas: o capital deve ditar o ritmo da produção e do consumo, cabendo ao trabalhador/usuário, *por sua própria conta e risco*, acelerar de acordo com a necessidade de velocidade imposta. No excesso de informações, modelos e experiências em que a informatização mergulhou o homem contemporâneo não há uma bússola privilegiada nem um farol confiável: cabe apenas ao indivíduo navegar por entre os ventos e marés instáveis, arcando com as consequências de seus movimentos e, principalmente, com os custos de sua aceleração.

SECOND LIFE: VITRINE DO CAPITALISMO INFORMACIONAL

Em algumas circunstâncias, um evento imprevisto irrompe no plano empírico e se torna capaz de demonstrar os movimentos e tendências da sociedade de maneira paradigmática. Esse é o caso de **Second Life**, desenvolvido pela empresa americana Linden Lab no ano de 2003 e que tem sido considerado um dos grandes fenômenos da internet do terceiro milênio. O programa permite que o usuário viva uma segunda "vida", bem diferente da primeira, uma vez que se trata apenas de criar uma representação gráfica de si mesmo e colocar-se a interagir com outras representações. A ideia não é nova. Basta lembrarmos do filme *Vanilla Sky* lançado em 2001, com roteiro de direção de Cameron Crowe e baseado no filme espanhol *Abre los ojos*, de 1997. Nele, uma empresa (a Life Extension) prometia uma "segunda vida" a milionários interessados em terem seus corpos mortos preservados para uma possível ressurreição no futuro. A diferença é que a segunda vida da rede é para quem está vivo e não quer esperar.

Nessa ideia aparentemente banal, podemos ver exemplificadas algumas das relações entre a informatização e a "pós-modernização".

Ao contrário da "primeira" vida (orgânica), com ciclos de tempo insuportavelmente longos para o capital, as transformações e conquistas no Second Life são imediatas, desde que se tenha dinheiro para pagar por elas. Da mesma forma, tudo se desatualiza e deixa de ser interessante muito rapidamente, tornando necessárias (no mínimo desejáveis) novas mudanças na aparência das representações. Dentro dos limites do cartão de crédito, não há burocracia ou espera. O indivíduo é o centro da ação e cada um pode livremente construir a sua biografia, sem a preocupação de mantê-la coerente no tempo.

A capacidade de parecer real do Second Life depende, é claro, de investimentos reais feitos na "primeira vida". A potência (que resulta em velocidade) é fundamental para a máquina que irá suportar o acesso às representações. Internet em **banda larga**, aceleradores gráficos, processadores atualizados e toda a estrutura de acesso devem se manter atualizadas para permitir uma "sensação mais real" na manipulação dos bytes.

Mas o mais fantástico são as notícias de que empresas "de verdade" têm faturado dinheiro "de verdade" vendendo paisagens e artefatos de bytes a usuários ávidos por uma "segunda vida" tão abastada quanto a primeira. Chegam notícias de empresas que constroem suas vitrines de pixels nos concorridos "espaços" alugados pelo programa ou de escritórios de arquitetura que vendem modelos tridimensionais como se fossem edifícios de concreto e vidro. Longe de ser um "efeito colateral", o enfoque na circulação de dinheiro parece central à proposta do Second Life, uma vez que até o "índice" de atividade do programa é medido em dólares americanos e exibido com destaque na página principal mantida pelo Linden Lab. Não há dúvidas: mesmo na segunda vida, estamos no capitalismo.

A FORMA-INFORMÁTICA

A informatização do cotidiano pode ser vista como uma *forma de relações* que atende às necessidades de uma sociedade na qual a velocidade, a obsolescência e a individualização são princípios fundadores. Propomos chamar esse modo de construção da subjetividade e de relacionamento com os objetos da cultura de *forma-informática*. Longe de ser um "desenvolvimento natural" ou uma "evolução lógica", a informatização do cotidiano e o surgimento de mudanças significativas no modo de produção capitalista são eventos de implicação mútua, inteligíveis do ponto de vista da necessidade de velocidade inerente à mercadoria. Daí começa a se desenhar uma íntima relação entre *capitalismo* e *informatização*. O computador, visto não como uma "coisa"(reificado), mas como a cristalização de certas relações sociais, ou seja, visto como forma-informática, é *inerente a esse modo de produção*. Sob esse ponto de vista ele é um vetor aceleração, capaz de penetrar o espaço doméstico e integrá-lo às necessidades do capital, além de colaborar decisivamente para a construção de subjetividades ajustadas à "regra do jogo". Ele participa ativamente das mudanças de um modelo de "grande escala" para uma forma de valorização centrada no "alto valor" e proporciona a dispersão geográfica e a descentralização necessárias à flexibilização e ao controle da produção. Enfim, ele se torna instrumento e medida da capacidade individual de integração aos fluxos em constante mudança das sociedades contemporâneas.

Todas as formas de uso que, de alguma maneira, tentam se apropriar do computador com um enfoque não capitalista (ou anticapitalista) estão exercitando o chamado "uso desviado", ou seja, aquele que se aproveita das brechas e interstícios, da incapacidade de uma dada forma de domínio e organização social se tornar plenamente totalitária, sem um "resto" ou uma margem de contradição. Mas o "uso desviado" não apaga as marcas genéticas e, a qualquer momento, os "laços de sangue" podem falar mais alto. Essas estratégias podem apresentar resultados bastante concretos e expressivos, mas sempre incorrem no risco dos duelistas que permitem ao adversário a escolha das armas e do local para o embate.

A vida que vivemos junto ao computador, estejamos em "carne e osso" ou reduzidos à matriz de bytes de um avatar, dificilmente conseguirá apontar para a superação das injustiças, desigualdades e violências inerentes a um mundo talhado pela forma-informática, em que o importante é sempre ter mais, o mais rapidamente possível.

NOTAS

1 A. Negri e M. Hardt, Império, Rio de Janeiro, Record, 2003, pp. 301–324.

2 Z. Bauman, Modernidade líquida, Rio de Janeiro, Jorge Zahar, 2001, p. 17.

3 Uma visão bastante abrangente das teorias sobre a flexibilidade do capital pode ser encontrada em K. Kumar, Da sociedade pós-industrial à pós-moderna, Rio de Janeiro, Jorge Zahar, 1997.

4 R. Reich, O trabalho das nações, São Paulo, Educator, 1994, p. 42.

5 Idem, p. 86.

6 Todo o processo de informatização como "desqualificação" do trabalho foi bem analisado por Stanley Aronowitz. Veja-se S. Aronowitz, Just Around the corner: The paradox of the jobless recovery, Philadelphia, Temple University, 2005.

7 Como outros autores, Beck renuncia a chamar o período atual de "pós-modernidade", julgando que o termo pode levar a equívocos e mal-entendidos. A "modernização reflexiva" é chamada à cena para definir o conjunto de mudanças na sociedade contemporânea. Sem levar o "nome da coisa" em consideração, podemos tratar a ideia de "modernização reflexiva" como uma das formas de nomear as transformações na produção e na cultura. Veja-se também Anthony Giddens, Para além da direita e da esquerda, São Paulo, Unesp, 1996.

8 U. Beck, "A reinvenção da política", em A. Giddens, U. Beck e S. Lash, Modernização reflexiva, São Paulo, Unesp, 1997.

9 Z. Bauman, op. cit., p. 170.

10 A ideia de "dromologia" foi criada por Paul Virilio (Velocidade e política, São Paulo, Estação Liberdade, 1997). Já a "dromoaptidão", no contexto da cibercultura, é desenvolvida por Eugênio Trivinho (O mal-estar da teoria: a condição da crítica na sociedade tecnológica atual, Rio de Janeiro, Quartet, 2001, pp. 219-227).

REFERÊNCIAS BIBLIOGRÁFICAS

ARONOWITZ, S. *Just Around the Corner:* the Paradox of the Jobless Recovery. Philadelphia: Temple University, 2005.

BAUMAN, Z. *Modernidade líquida.* Rio de Janeiro: Jorge Zahar, 2001.

BECK, U. A reinvenção da política. In: GIDDENS, A.; BECK, U.; LASH, S. *Modernização reflexiva.* São Paulo: Unesp, 1997.

FOUCAULT, M. *Microfísica do poder*. Rio de Janeiro, Graal: 1979.

GIDDENS, A. *Para além da direita e da esquerda*. São Paulo: Unesp, 1996.

GORZ, A. A técnica, os técnicos e a luta de classe. In: GORZ, A. (org.). *Crítica à divisão social do trabalho*. São Paulo: Martins Fontes, 1973.

HAUG, W. F. *Crítica da estética da mercadoria*. São Paulo: Unesp, 1977.

KUMAR, K. *Da sociedade pós-industrial à pós-moderna*. Rio de Janeiro: Jorge Zahar, 1997.

NEGRI, A.; HARDT, M. *Império*. Rio de Janeiro: Record, 2003.

NORA, S.; MINC, A. *A informatização da sociedade*. Rio de Janeiro: Fundação Getúlio Vargas, 1980.

REICH, R. *O trabalho das nações*. São Paulo: Educator, 1994.

RIFKIN, J. *A era do acesso*. São Paulo: Makron Books, 2004.

TRIVINHO, E. *O mal-estar da teoria*: a condição da crítica na sociedade tecnológica atual. Rio de Janeiro: Quartet, 2001.

VIRILIO, P. *Velocidade e política*. São Paulo: Estação Liberdade, 1997.

GLOSSÁRIO

2G. Redes de telefonia móvel digital de segunda geração.

3G. Redes de telefonia móvel digital de terceira geração.

Banda larga. (Broadband). É uma conexão que transmite, em alta velocidade, grandes quantidades de arquivos na rede.

Banner. Propaganda em sites da internet que contém um link para o site do anunciante.

Behaviorismo. A palavra inglesa *behaviour* (RU) ou *behavior* (EUA) significa comportamento, conduta. Os behavioristas de orientação positivista trabalham com o princípio de que a conduta dos indivíduos é observável, mensurável e controlável similarmente aos fatos e eventos nas ciências naturais e nas exatas. John Broadus Watson (1878-1958) é considerado o pai do behaviorismo.

Blog. Diários on-line. Criados em 1999, os blogs ganharam adeptos em todo o mundo, sendo o <www.blogger.com> o principal expoente do movimento weblog.

CDMA. Sigla para Code Division Multiple Access; tecnologia de rede de operadoras móveis.

Chat (bate-papo). Conversa pela internet. O chat pode ser feito em salas de bate-papo ou por meio de programas como Google, MSN, entre outros.

Decupagem. Organização inicial das imagens de um filme que separa as cenas pela ordem narrativa.

Flash. Software criado pela Macromedia para criação de animações e recursos de interatividade em formato vetorial para a web. O resultado de um trabalho em Flash é conhecido como um *movie*.

Follow-up. A expressão surgiu entre os profissionais de marketing, mas terminou contaminando organizações de qualquer área de atuação. Significa, a rigor, o acompanhamento de ações com o objetivo de aferir seus resultados concretos. Na prática, virou sinônimo de qualquer atividade de monitoração desenvolvida após o lançamento de um projeto.

GSM. Sigla para Global System for Mobile Communication; tecnologia de rede de operadoras móveis.

GUI. Interface gráfica do usuário (do inglês *graphical user interface*) é a organização visual dos conteúdos que o computador apresenta pelo monitor ao usuário.

Hiperlink. Elemento básico de hipertexto, um hiperlink oferece um método de passar de um ponto do documento para outro ponto no mesmo documento ou em outro documento.

Hipermídia. Todos os métodos de transmissão de informações baseadas em computadores, incluindo texto, imagens, vídeo, animação e som.

Home page. Primeira página que aparece em um site ou página inicial de um browser.

HTML **(Hypertext Markup Language).** Método de codificação utilizado para criar arquivos padronizados, de forma que sejam traduzidos igualmente por qualquer tipo de computador. É o formato básico utilizado na criação de páginas para web.

i-Mode. sistema de conexão de dados da operadora japonesa NTT DoCoMo, lançado em 1999.

iPhone. Nome do produto desenvolvido e anunciado pela Apple que converge computador de bolso com telefone celular em uma interface versátil, sofisticada e muito atraente para o usuário móvel. Promete ser o marco de abertura da nova fase da conexão e navegação móvel.

Lan house. É um estabelecimento comercial onde, à semelhança de um cibercafé, as pessoas podem pagar para utilizar um computador com acesso à internet e a uma rede local, com o principal fim de jogar em rede.

Link. O mesmo que hiperlink.

Memória. Capacidade de reter experiências passadas ou conhecimentos anteriormente adquiridos que se manifesta através de hábitos ou lembranças. Também é a faculdade coletiva de recordar acontecimento, indivíduos.

MINDS. "Mobile Information and News Data Services". Consórcio de agências de notícias europeias para estimular o mercado de conteúdo por celular.

MMS. Multimedia Message Service ou, em português, serviço de mensagens multimídia.

MP3. Um formato de compressão de arquivos de áudio muito popular por ter boa qualidade e tamanho pequeno, sendo facilmente transmitido pela internet.

MSN Messenger. Ou apenas MSN, é um programa de mensagens instantâneas criado pela Microsoft.

Narrativa audiovisual. Estruturação de fatos organizados por uma determinada lógica e apresentados exclusivamente por imagens e som integrados.

On-line. Quer dizer "estar em linha" ou estar ligado à rede ou a um outro computador.

PDAs (Personal Digital Assistants). São pequenos computadores, cuja principal característica é a utilização de uma caneta especial para entrada de dados, em substituição do teclado.

Personalização (Personalization). Análise de dados de clientes na tentativa de direcionar adequadamente anúncios e propagandas para o seu perfil de consumidor.

Pop-up. Página que é ativada ao abrir um site. Geralmente tem tamanho reduzido – ocupando menos de um quarto da tela de um monitor padrão, de 15" – e é usada para propaganda.

Profundidade de campo. A capacidade de foco em uma determinada cena; quanto maior a profundidade de campo mais chance se tem de incluir diversas narrativas em um único plano.

Protagonista. Principal personagem em uma narrativa.

Reality show. Traduzindo a expressão, chegamos a espetáculo da realidade. Mas o conceito acaba se restringindo a programas de televisão que convertem em espetáculo a privacidade de pessoas. A grande inspiração, e o primeiro sucesso do formato, veio com "Big Brother", criado pela produtora Endemol numa homenagem à novela ficcional de George Orwell. O primeiro "Big Brother" ocorreu na Holanda, em 1999, mas o estrondoso sucesso levou rapidamente o programa à Alemanha, Espanha, Estados Unidos, Argentina, Portugal, Brasil, entre outros países.

Revenue share. Ou "divisão de receita". Modelo adotado pelo mercado de conteúdo por celular que consiste na divisão de receitas dos conteúdos tarifados entre operadoras, empresas de tecnologias e produtores de conteúdo.

RPG. Role Playing Game. Jogo de mesa de estratégia e teatral, que promove a interpretação de papéis onde cada jogador assume um personagem e segue as indicações narrativas descritas em cartas obtidas de forma aleatória ou programada.

Second Life. Lançado em 1999 pela produtora Linden Lab, o *game* possibilita que o usuário viva uma segunda vida, crie seu próprio avatar e interaja com outros residentes ou visitantes.

Serviço de valor agregado. Termo que designa o uso de dados (SMS, WAP, MMS) no celular.

SMS. Short Message Service ou, em português, Serviços de Mensagens Curtas, os populares torpedos.

Stick application. Aplicativos que, para prestar serviços ao usuário, obrigam-no a entrar num determinado site, com o intuito de aumentar o número de acessos.

Taxonomia Classificação de coisas semelhantes de acordo com uma estrutura de categorias pré-definida.

TDMA. Sigla para Time Division Multiple Access; tecnologia de rede de operadoras móveis.

WAP. Wireless Application Protocol ou, em português, Protocolo de Aplicação Sem Fio.

WAP 2.0. Protocolo de Aplicação Sem Fio com interface colorida, semelhante a uma tela de navegação da web.

WAP Push. Sistema que mescla o envio de alertas (SMS), com link que permite a navegação em WAP.

Wikis. Páginas comunitárias na internet que podem ser alteradas por todos os usuários que têm direitos de acesso. Usadas na internet pública, essas páginas comunitárias geraram fenômenos como a Wikipedia, que é uma enciclopédia on-line escrita por leitores.

World Wide Web (web/www). Significa, em inglês, teia de abrangência mundial. Também chamada apenas de web.

A ORGANIZADORA

Pollyana Ferrari é professora de Jornalismo e Multimeios na Pontifícia Universidade Católica de São Paulo e de Design Digital, Publicidade e Jornalismo na Unifieo. Doutoranda em Ciências da Comunicação pela Escola de Comunicações e Artes da Universidade de São Paulo, é mestre em Ciências da Comunicação. Foi diretora de conteúdo da Mandic, diretora de portal do iG e da Editora Globo Online. Publicou o livro *Jornalismo digital*, editado pela Contexto.

OS AUTORES

Adriana Garcia Martinez é mestre em Jornalismo, Mercado e Tecnologia pela Escola de Comunicações e Artes da Universidade de São Paulo. Atualmente é correspondente da *Reuters* em Washington DC. Foi responsável pela implantação do produto on-line da agência, onde atuou como subeditora e editora de 1999 a 2006. Trabalhou nas redações das revistas *Exame* e *Veja São Paulo* e do jornal *Folha de S.Paulo*.

Adriane Canan é formada em Jornalismo pela Universidade Federal de Santa Catarina, com especialização em Jornalismo, Novas Tecnologias e Linguagens Contemporâneas pela Unochapecó. Trabalhou na Rádio FM Cultura de Porto Alegre e como repórter da Agência Carta Maior, produzindo matérias para rádio on-line. Fez curso de "Roteiro Avançado" na Escola Internacional de Cinema e Televisão de San Antonio de Los Baños, em Cuba, e desenvolve projetos em documentário e ficção.

Analu Andrigueti é mestre em Ciências da Comunicação pela Escola de Comunicações e Artes da Universidade de São Paulo. Gerente de comunicação na agência de publicidade JWT, onde coordena a divulgação institucional e de campanhas. Colaborou com as revistas *Trip*, *Playboy* e *Estampa* (*Valor Econômico*) e entre 1998 e 2001 foi repórter e editora de websites do Grupo *Abril*, *iG* e *El Foco* (da coorporação mexicana CIE).

André Borges é mestre pela Escola de Comunicações e Artes da Universidade de São Paulo e graduado em jornalismo pela Faculdade Cásper Líbero. Na área de Tecnologia da Informação e Internet, já passou por redações de veículos como *Internet Business, Folha Online,* IDG *Now!, Computerworld, Forbes, InvestNews e Gazeta Mercantil.*

Bruce Garrison é professor de Jornalismo na Faculdade de Comunicação da Universidade de Miami. Pesquisador na área de novas tecnologias aliadas ao exercício do Jornalismo, é também autor dos livros *Latin American Journalism* e *Professional News Reporting*, entre outros títulos.

Edilson Cazeloto é doutorando em Comunicação e Semiótica pela Pontifícia Universidade Católica de São Paulo e mestre em Comunicação e Semiótica. Membro fundador do grupo de estudos de comunicação e cibercultura, do COS-PUC e membro do grupo de assessoramento editorial da revista *Galáxia* – PUC/SP. É jornalista, radialista e professor.

Nora Paul é diretora do Instituto de Estudos em Novas Mídias da Faculdade de Jornalismo da Universidade de Minnesota, nos Estados Unidos. É pesquisadora na área da Comunicação e autora de diversos livros na área.

Paulo Henrique Ferreira é mestre em Ciências da Comunicação pela Escola de Comunicações e Artes da Universidade de São Paulo e jornalista graduado pela Faculdade Casper Líbero. Atualmente trabalha na Accenda, prestando consultoria em estratégia e comunicação para empresas de Tecnologia da Informação e centros de pesquisas, entre eles a Cidade do Conhecimento (USP).

Taïs Bressane é mestre e doutora em Linguística Aplicada pelo Programa de Linguística Aplicada e Estudos de Linguagem da Pontifícia Universidade Católica de São Paulo. É pesquisadora do grupo Edulang, da PUC-SP e docente da Fecap e da Faculdade Sumaré. Atuou nas equipes de conteúdo e de design instrucional do projeto Ensino Médio em Rede, da Secretaria de Educação do Estado de São Paulo. É consultora de linguagem e comunicação para portais educativos, corporativos e intranets.

Urbano Nobre Nojosa é professor de Comunicação Social e Design da Pontifícia Universidade Católica de São Paulo, Febasf e FIT. Organizador de livros da área de comunicação e tecnologia.

Vicente Gosciola é mestre em Ciências da Comunicação e doutor em Comunicação e Semiótica, ambos pela Pontifícia Universidade Católica de São Paulo. É professor da PUC-SP e do Senac. Consultor técnico sobre Educação a Distância, Tecnologia Educacional e estúdios e programação de TV Universitária para o Conselho Estadual de Educação e diversas Instituições de Ensino Superior.

AGRADECIMENTOS

Agradeço aos autores dos textos aqui reunidos. Foi muito prazeroso reunir este time tão antenado e vanguardista. Um agradecimento especial aos entrevistados e às empresas que nos cederam seus *cases* e pesquisas.

À Editora Contexto, em especial à Luciana Pinsky, que mais uma vez embarcou na minha ideia modernista de jornalismo.

Aos meus queridos Lucas e Rafael, que estiveram ao meu lado nesta jornada e em muitas outras. Às vezes, sem entender o motivo ou mesmo compreender a minha ausência.